HISTORIA DE LA IGLESIA

JOSÉ ORLANDIS

HISTORIA
DE LA IGLESIA

Iniciación Teológica

Novena edición

EDICIONES RIALP

MADRID

© 2001 by José Orlandis
© 2024 *by* EDICIONES RIALP, S. A.
Manuel Uribe 13-15, 28033 MADRID
(www.rialp.com)

Primera edición: diciembre 2001
Novena edición: marzo 2025

Revisión y actualización de la octava edición a cargo de
Santiago Casas Rabasa

Con aprobación eclesiástica del Arzobispado de Madrid,
diciembre de 2001.

ISBN (edición impresa): 978-84-321-6985-4
ISBN (edición bajo demanda): 978-84-321-6986-1
Depósito legal: M-2424-2025
Impreso en Gohegraf, Casarrubuelos (Madrid)

ÍNDICE

Tercera parte

LA CONVERSIÓN DE LOS PUEBLOS BÁRBAROS

Cuarta Parte

LA IGLESIA EN LA EDAD MODERNA

Quinta parte

LA IGLESIA EN LA EDAD CONTEMPORÁNEA

INTRODUCCIÓN

La historia del Cristianismo interesa al lector católico porque viene a ser como su historia de familia; pero ha de interesar también a cualquier persona culta, porque constituye una parte esencial de la historia de la humanidad en los dos últimos milenios, aquellos, precisamente, que han configurado de modo más decisivo nuestra civilización y forman la Era que llamamos cristiana. Pensando en todos esos lectores se ha incorporado a la Biblioteca de Iniciación Teológica esta breve «Historia de la Iglesia», elaborada con la intención de que su lectura resulte asequible a un público amplio, que difícilmente podría acceder a otro tipo de obra más extensa. Ha hecho falta no poco esfuerzo para intentar conjugar la sencillez y la profundidad, de tal suerte que —dejando de lado un sinfín de cuestiones y acontecimientos— la exposición se ciña a seguir fielmente aquello que cabría denominar sin impropiedad el hilo conductor de la historia cristiana. Tal ha sido, al menos, nuestro deseo.

El libro lleva a la cabeza de cada uno de los capítulos un corto sumario que puede servir para orientar al lector sobre las principales cuestiones que allí van a examinarse. Esta «Historia de la Iglesia», por razón de su temática, es primordialmente un libro de historia religiosa; pero se ha tratado siempre de encuadrar esa historia en un contexto general y tener bien presente el momento social, cultural y político en que vivieron los cristianos de cada época: aquellos que, desde los orígenes hasta hoy, han integrado la Iglesia, el Pueblo de Dios que peregrina en la tierra a través de los tiempos. La tabla cronológica que figura al final del volumen podrá ayudar a situar los acontecimientos en el marco que les corresponde.

Todo libro se escribe con un determinado propósito: también éste. El propósito que ha tenido el autor —y que se ha esforzado por alcanzar— es simple, pero no deja de ser ambicioso: que cualquier persona con el nivel cultural común a los hombres de hoy, al terminar la lectura de estas páginas, haya podido formarse una idea clara de cómo han sido y de lo que han representado veinte siglos de historia del Cristianismo.

JOSÉ ORLANDIS

PRIMERA PARTE

LA IGLESIA DE CRISTO
EN LA ANTIGÜEDAD PAGANA

Capítulo I

LOS ORÍGENES DEL CRISTIANISMO

El Cristianismo es la religión fundada por Jesucristo, el Hijo de Dios hecho hombre. Los cristianos —discípulos de Cristo— se incorporan por el bautismo a la comunidad visible de salvación, que recibe el nombre de Iglesia.

1. Entendemos por Cristianismo la religión fundada por Jesucristo, el Hijo de Dios hecho hombre. La persona y las enseñanzas de Jesús son las bases sobre las que se asienta la religión cristiana. Los cristianos consideran a Jesucristo su Redentor y su Maestro: le reconocen como su Dios y Señor y se adhieren a su doctrina.

2. En una hora precisa del tiempo y en lugar determinado de la tierra, el Hijo de Dios se hizo hombre e irrumpió en la historia humana. El lugar de nacimiento de Jesús fue Belén de Judá; la hora, cuando reinaba en Judea Herodes el Grande y Quirino era gobernador de Siria, bajo la autoridad suprema del emperador de Roma, César Augusto (cfr. Mt II, 1; Lc II, 1-2). La vida de Cristo entre los hombres se prolongó hasta otro momento de la historia, bien preciso también: la Pasión, Muerte y Resurrección de Jesucristo tuvieron lugar en Jerusalén, a partir del día 14 del mes de Nisán del año 30 de la Era cristiana. Caifás desempeñaba el cargo de Sumo Sacerdote, gobernaba Judea el «procurador» Poncio Pilato y reinaba en Roma el emperador Tiberio.

3. Jesucristo se presentó a sí mismo como el Cristo, el Mesías anunciado por los Profetas y esperado ansiosamente por el Pueblo de Israel. En Cesarea de Filipo, ante la diversidad de opiniones que corrían sobre su persona, el Señor preguntó a los Apóstoles: «Y vosotros, ¿quién decís que soy yo?» La respuesta de Pedro fue rotunda: «Tú eres el Cristo, el Hijo de Dios vivo.» Jesús no sólo no enmendó en un ápice estas palabras, sino que las confirmó de modo inequívoco: «No te han revelado eso ni la carne ni la sangre, sino mi Padre que está en los Cielos» (cfr. Mt XVI, 13-17). En la noche de la Pasión, ante los príncipes de los sacerdotes y todo el Sanedrín, Jesús declararía abiertamente que era el Hijo de Dios, el Mesías. A la solemne pregunta del Sumo Sacerdote, la suprema autoridad religiosa de Israel: «¿Eres tú el Mesías, el Hijo de Dios bendito?», Jesús respondió: «Yo soy» (Mc XIV, 61-62).

4. «Vino a los suyos y los suyos no le recibieron» (Io I, 10). Estas palabras del capítulo primero del Evangelio de San Juan anuncian el drama del rechazo del Salvador por parte del Pueblo elegido. Dominaba en éste por aquel tiempo una concepción político-nacional acerca del esperado Mesías, al que se consideraba como un caudillo terrenal que habría de libertar la nación del yugo de los opresores romanos y restaurar en todo su esplendor el Reino de Israel. Jesús no respondía a esta imagen, porque su Reino no era de este mundo (cfr. Io XVIII, 36). Por eso no fue reconocido, sino rechazado por los jefes del pueblo y condenado a morir en la Cruz.

5. Los milagros obrados por Jesús durante los años de su vida pública constituyen el refrendo de su Mesianidad y confirmaron la doctrina que anunciaba. Esas razones, unidas a la personalidad incomparable del Señor, motivaron decisivamente la adhesión de sus discípulos, y en primer término de los doce Apóstoles. Una adhesión todavía defectuosa al principio, por parte de hombres que compartían muchos de los prejuicios de sus contemporáneos; unos hombres cuya mentalidad les hacía difícil comprender la verdadera naturaleza de la misión redentora de Jesús, lo que explica el tremendo desconcierto que les causó la Pasión y Muerte de su Maestro.

6. La Resurrección de Jesucristo es el dogma central del Cristianismo y constituye la prueba decisiva de la verdad de su doctrina. «Si Cristo no resucitó —escribió San Pablo—, vana es nuestra predicación y vana es vuestra fe» (I Cor XV, 14). La realidad de la Resurrección —tan lejos de las expectativas de los Apóstoles y los discípulos— se les impuso a éstos con el argumento irrebatible de la evidencia: «pero Cristo ha resucitado y ha venido a ser como las primicias de los difuntos» (I Cor XV, 20; cfr. Lc XXIV, 27-44; Io XX, 24-28). Desde entonces los Apóstoles se presentarían a sí mismos como «testigos» de Jesucristo resucitado (cfr. Act II, 22; III, 15), lo anunciarían por el mundo entero y resellarían su testimonio con la propia sangre. Los discípulos de Jesucristo reconocieron su divinidad, creyeron en la eficacia redentora de su Muerte y recibieron la plenitud de la Revelación, transmitida por el Maestro y recogida por la Escritura y la Tradición.

7. Pero Jesucristo no sólo fundó una religión —el Cristianismo—, sino también una Iglesia. La Iglesia —el nuevo Pueblo de Dios— fue constituida bajo la forma de una comunidad visible de salvación, a la que se incorporan los hombres por el bautismo. La Iglesia está cimentada sobre el Apóstol Pedro, a quien Cristo prometió el Primado —«y sobre esta piedra edificaré mi Iglesia» (Mt XVI, 18)— y se lo confirmó y confirió después de la Resurrección: «apacienta mis corderos», «apacienta mis ovejas» (cfr. Io XXI, 15-17). La Iglesia de Jesucristo existirá hasta el fin de los tiempos, mientras perdure el mundo y haya hombres sobre la tierra: «y las puertas del infierno no prevalecerán contra ella» (Mt XVI, 18). La constitución de la Iglesia se consumó el día de Pentecostés, y a partir de entonces comienza propiamente su historia.

Capítulo II

LA SINAGOGA Y LA IGLESIA UNIVERSAL

Los cristianos, perseguidos por el Sanedrín, se desvincularon muy pronto de la Sinagoga. El Cristianismo, desde sus orígenes, fue universal, abierto a los gentiles, y éstos fueron declarados libres de las prescripciones de la Ley mosaica.

1. «No es el discípulo más que el Maestro» (Mt X, 24), había advertido Jesús a los suyos, cuando aún permanecía con ellos en la tierra. El Sanedrín declaró a Jesús reo de muerte por proclamar que Él era el Mesías, el Hijo de Dios. La hostilidad de las autoridades de Israel, que habían condenado a Cristo, debía dirigirse luego contra los Apóstoles, que anunciaban a Jesucristo Resucitado y confirmaban su predicación con milagros obrados ante todo el pueblo. El Sanedrín intentó silenciar a los Apóstoles, pero Pedro respondería al Sumo Sacerdote que «es preciso obedecer a Dios antes que a los hombres» (Act V, 29). Los Apóstoles fueron azotados, pero ni las amenazas ni la violencia lograron acallarlos, y salieron gozosos «por haber sido hallados dignos de sufrir oprobio» por el nombre de Jesús. La muerte del diácono San Esteban, lapidado por los judíos, señaló el principio de una gran persecución contra los discípulos de Jesús. La separación entre Cristianismo y Judaísmo se hizo cada vez más profunda y patente.

2. El universalismo cristiano se puso pronto de manifiesto, en contraste con el carácter nacional de la religión judía. A An-

tioquía de Siria, una de las grandes metrópolis de Oriente, llegaron discípulos de Jesús fugitivos de Jerusalén. Algunos de ellos eran helenistas, con mentalidad más abierta que la de los judíos palestinos, y comenzaron a anunciar el Evangelio a los gentiles. En la cosmopolita Antioquía, el universalismo de la Iglesia se hizo realidad y allí fue, precisamente, donde los seguidores de Cristo comenzaron a llamarse cristianos.

3. La universalidad de la Redención y de la Iglesia de Jesucristo fue confirmada de modo solemne por una milagrosa acción divina, que tuvo al Apóstol Pedro por protagonista y testigo. A Pedro —como una prueba más de su Primado— le fue reservada la suerte de abrir a los gentiles las puertas de la Iglesia. Los signos extraordinarios que acompañaron a la conversión en Cesarea del centurión Cornelio y su familia tuvieron para Pedro valor decisivo. «Ahora reconozco —fueron sus palabras— que no hay para Dios acepción de personas, sino que en toda nación el que teme a Dios y practica la justicia es acepto a Él» (Act X, 34-35). En Jerusalén, la noticia de que Pedro había otorgado el bautismo a gentiles incircuncisos produjo estupor. Fue preciso que el Apóstol relatara puntualmente lo ocurrido para que los judeo-cristianos de la Ciudad Santa mudaran de mente y superasen inveterados prejuicios. Comenzaban a comprender que la Redención de Cristo era universal y que la Iglesia estaba abierta a todos: «Al oír estas cosas callaron y glorificaron a Dios diciendo: luego Dios ha concedido también a los gentiles la penitencia para la vida» (Act XI, 18).

4. Pero la definitiva victoria del universalismo cristiano necesitaba todavía superar un último obstáculo. La admisión de los gentiles en la Iglesia había sido una novedad difícil de comprender para muchos judeo-cristianos, aferrados a sus viejas tradiciones. Estos cristianos de origen judío consideraban que los conversos gentiles, para poder ser salvos, necesitaban cuando menos circuncidarse y observar las prescripciones de la Ley de

Moisés. Estas pretensiones, que conturbaron vivamente a los cristianos procedentes de la gentilidad, tuvieron sin embargo la virtud de obligar a plantear abiertamente la cuestión de las relaciones entre la Vieja y la Nueva Ley, y sentar de modo inequívoco la independencia de la Iglesia con respecto a la Sinagoga.

5. Para tratar de problemas tan fundamentales se reunió en el año 49 el denominado «concilio» de Jerusalén. En la asamblea, Pablo y Bernabé llevaron la voz de las iglesias de la gentilidad y dieron testimonio de las maravillas que Dios había obrado en ellas. El Apóstol Pedro, una vez más, habló con autoridad en defensa de la libertad de los cristianos, en relación con las observancias legales de los judíos. El «concilio», a propuesta de Santiago, obispo de Jerusalén, acordó no imponer cargas superfluas a los conversos gentiles; bastaría que éstos se atuvieran a unos sencillos preceptos: guardarse de la fornicación y, por respeto a la Vieja Ley, abstenerse de comer carnes no sangradas o sacrificadas a los ídolos (Act XV, 1-33). De este modo quedó resuelto de forma definitiva el problema de las relaciones entre Cristianismo y Ley mosaica. Los judeo-cristianos siguieron existiendo todavía durante cierto tiempo en Palestina, pero como un fenómeno minoritario y residual, dentro de una Iglesia cristiana, cada vez más extendida por el mundo gentil.

6. Los grandes propulsores de la expansión del Cristianismo fueron los Apóstoles, obedientes al mandato de Cristo de anunciar el Evangelio a todas las naciones. No es fácil —por falta de fuentes históricas— conocer la actividad misional de la mayoría de los Apóstoles. Nos consta que el Apóstol Pedro, al marchar de Palestina, se estableció en Antioquía, donde existía una importante comunidad cristiana. Es posible que luego residiera algún tiempo en Corinto, pero su destino definitivo sería Roma, capital del Imperio, de cuya Iglesia fue primer obispo. En Roma, Pedro sufrió martirio en la persecución desencadenada por el emperador Nerón (a. 64). El Apóstol

Juan, tras una larga permanencia en Palestina, se trasladó a Éfeso, donde vivió muchos años más, circunstancia ésta por la cual las iglesias de Asia le consideraron como su propio Apóstol. Viejas tradiciones hablan de las actividades apostólicas de Santiago el Mayor en España, del Apóstol Tomás en la India, del Evangelista Marcos en Alejandría, etc.

7. Las noticias sobre la acción apostólica de San Pablo son sin duda las más abundantes, gracias a las informaciones contenidas en los Hechos de los Apóstoles y en el importante *corpus* de las Epístolas paulinas. San Pablo fue, por excelencia, el Apóstol de las Gentes, y sus viajes misionales llevaron el Evangelio por Asia Menor y Grecia, donde fundó y dirigió numerosas iglesias. Preso en Jerusalén, su largo cautiverio le dio ocasión de dar testimonio de Cristo ante el Sanedrín, los gobernadores romanos y el rey Agripa II. Conducido a Roma, fue puesto en libertad por el tribunal del César, y es probable que entonces realizara un viaje misional a España, proyectado desde hacía tiempo. Preso por segunda vez, Pablo sufrió otro juicio, fue condenado y murió mártir en la Urbe imperial.

8. La obra de los Apóstoles no agota, con todo, el cuadro de la expansión cristiana en el mundo antiguo. Es indudable que las más de las veces serían hombres humildes y desconocidos —funcionarios, comerciantes, soldados, esclavos— los portadores de las primicias del Evangelio. Con algunas salvedades, es lícito afirmar que la penetración cristiana fue durante estos siglos un fenómeno que afectó a las poblaciones urbanas mucho más que a las rurales. Al sonar la hora de la libertad de la Iglesia, en el siglo IV, el Cristianismo había arraigado con fuerza en diversas regiones del Oriente Próximo, como Siria, Asia Menor y Armenia; y en Occidente, en Roma y su comarca y en el África latina. La presencia del Evangelio fue también considerable en el valle del Nilo y varias regiones de Italia, España y las Galias.

Capítulo III

EL IMPERIO PAGANO Y EL CRISTIANISMO: LAS PERSECUCIONES

El Cristianismo nació y se desarrolló dentro del marco político-cultural del Imperio romano. Durante tres siglos, el Imperio pagano persiguió a los cristianos, porque su religión representaba otro universalismo y prohibía a los fieles rendir culto religioso al soberano.

1. El nacimiento y primer desarrollo del Cristianismo tuvo lugar dentro del marco cultural y político del Imperio romano. Es cierto que durante tres siglos la Roma pagana persiguió a los cristianos; pero sería equivocado pensar que el Imperio constituyó tan sólo un factor negativo para la difusión del Evangelio. La unidad del mundo grecolatino conseguida por Roma había creado un amplísimo espacio geográfico, dominado por una misma autoridad suprema, donde reinaban la paz y el orden. La tranquilidad existente hasta bien entrado el siglo III y la facilidad de comunicaciones entre las diversas tierras del Imperio favorecían la circulación de las ideas. Cabe afirmar que las calzadas romanas y las rutas del mar latino fueron cauces para la Buena Nueva evangélica, a todo lo ancho de la cuenca del Mediterráneo.

2. La afinidad lingüística —sobre la base del griego, primero, y del griego y el latín, después— facilitaba la comunicación y el entendimiento entre los hombres. El clima espiritual, dominado por la crisis del paganismo ancestral y la extensión

de un anhelo de genuina religiosidad entre las gentes espiritualmente selectas, predisponía también a dar acogida al Evangelio. Todos estos factores favorecían, sin duda, la extensión del Cristianismo.

3. Pero la adhesión a la fe cristiana implicaba también dificultades que, sin exageración, cabe calificar de formidables. Los cristianos procedentes del Judaísmo debían romper con la comunidad de origen, que en adelante los miraría como tránsfugas y traidores. No eran menores los obstáculos que necesitaban superar los conversos venidos de la gentilidad, sobre todo los pertenecientes a las clases sociales elevadas. La fe cristiana les obligaba a apartarse de una serie de prácticas tradicionales de culto a Roma y al emperador, que tenían un sentido religioso-pagano, pero que eran a la vez consideradas como exponente de la inserción del ciudadano en la vida pública y testimonio de fidelidad hacia el Imperio. De ahí la acusación de «ateísmo» lanzada tantas veces contra los cristianos; de ahí la amenaza de persecución y martirio que se cernió sobre ellos durante siglos y que hacía de la conversión cristiana una decisión arriesgada y valerosa, incluso desde un punto de vista meramente humano.

4. ¿Cuáles fueron las razones que determinaron el gran enfrentamiento entre Imperio pagano y Cristianismo? La religión cristiana fomentaba entre las gentes el respeto y la obediencia hacia la legítima autoridad. «Dad al César lo que es del César y a Dios lo que es de Dios» (cfr. Mt XX, 15-21), fue el principio formulado por el propio Cristo. Los Apóstoles desarrollaron esta doctrina: «toda persona esté sujeta a las potestades superiores, porque no hay potestad que no provenga de Dios» (Rom XIII, 1), escribió San Pablo a los fieles de Roma; «temed a Dios, honrad al rey» (I Pet II, 17), exhortaba San Pedro a los discípulos. El Imperio, por su parte, era religiosamente liberal y toleraba con facilidad nuevos cultos y divinidades extranjeras. El choque y la ruptura llegaron porque Roma pretendió exigir de sus súbditos cristianos algo que ellos no podían dar: el homenaje religioso de la adoración, que sólo a Dios les era lícito rendir.

5. Las circunstancias que rodearon a la primera persecución —la neroniana— fueron pródigas en consecuencias, pese a que esa persecución no parece haberse extendido más allá de la Urbe romana. La acusación oficial hecha a los cristianos de ser los autores de un crimen horrendo —el incendio de Roma— contribuyó de modo decisivo a la creación de un estado generalizado de opinión pública profundamente hostil para con ellos. El Cristianismo era considerado por el historiador Tácito «superstición detestable»; «nueva y peligrosa», según Suetonio; «perversa y extravagante», para Plinio el Joven. El mismo Tácito calificaba a los cristianos de «enemigos del género humano», y no puede, por tanto, sorprender que el vulgo atribuyese a los discípulos de Cristo los más monstruosos desórdenes: infanticidios, antropofagia y toda suerte de nefandas maldades. «'¡Los cristianos a las fieras!' —dirá Tertuliano— se convirtió en el grito obligado en toda suerte de motines y algaradas populares».

6. El Cristianismo, desde el siglo I, fue considerado como «superstición ilícita», y esta calificación hizo que la mera profesión de la fe cristiana —el «nombre cristiano»— constituyera delito. Ello explica que muchas violencias anticristianas del siglo II tuvieran su origen, más que en la iniciativa de los emperadores o magistrados, en agitaciones o denuncias populares. Por esta razón, la persecución en esta época no fue general ni continua, y los cristianos gozaron en ocasiones de largos períodos de paz, sin lograr por ello ninguna seguridad jurídica ni quedar a salvo de ulteriores agresiones, que podían surgir en cualquier momento. La ambigua actitud de ciertos emperadores del siglo II está reflejada en la célebre respuesta de Trajano a

24

la consulta elevada por Plinio, gobernador de Bitinia, acerca de la conducta que debía seguir con los cristianos. Trajano declara que las autoridades no habrían de perseguirlos por su propia iniciativa, ni hacer caso de denuncias anónimas; pero debían actuar cuando recibiesen denuncias en regla, llegando hasta la condena y muerte de los cristianos que no apostataran y rehusaran sacrificar a los dioses. Tertuliano —apologista cristiano y buen jurista— pondría luego de relieve el absurdo que encerraba la respuesta trajánica: «Si son criminales —dice, refiriéndose a los cristianos—, ¿por qué no los persigues?; y si son inocentes, ¿por qué los castigas?»

7. En el siglo III, las persecuciones tomaron un nuevo cariz. En los intentos de renovación del Imperio que siguieron a la «anarquía militar» —un período de peligrosa desintegración política—, uno de los capítulos principales fue la restauración del culto a los dioses y al emperador, en cuanto expresión de la fidelidad de los súbditos hacia Roma y su soberano. La Iglesia cristiana, que prohibía a los fieles participar en el culto imperial, apareció entonces como un poder enemigo. Ésta fue la razón de una nueva oleada de persecuciones, promovidas ahora por la propia autoridad imperial y que tuvieron un alcance mucho más amplio que las precedentes.

8. La primera de estas grandes persecuciones siguió a un edicto dado por Decio (a. 250), ordenando a todos los habitantes del Imperio que participaran personalmente en un sacrificio general, en honor de los dioses patrios. El edicto de Decio sorprendió a una masa cristiana, bastante numerosa ya, y cuyo temple se había reblandecido, tras una larga época de paz. El resultado fue que, aun cuando los mártires fueron numerosos, hubo también muchos cristianos claudicantes que sacrificaron públicamente o al menos recibieron el «libelo» de haber sacrificado, y cuya reintegración a la comunión cristiana suscitó luego controversias en el seno de la Iglesia. La experiencia su-

frida sirvió en todo caso para templar los espíritus y cuando, pocos años después, el emperador Valeriano (253-260) promovió una nueva persecución, la resistencia cristiana fue mucho más firme: los mártires fueron muchos, y los cristianos infieles —los *lapsi*—, muy pocos.

9. La mayor persecución fue sin duda la última, que tuvo lugar a comienzos del siglo IV, dentro del marco de la gran reforma de las estructuras de Roma realizada por el emperador Diocleciano. El nuevo régimen instituido por el fundador del Bajo Imperio fue la «Tetrarquía», es decir, el gobierno por un «colegio imperial» de cuatro miembros, que se distribuían la administración de los inmensos territorios romanos. El régimen tetrárquico atribuía a la religión tradicional un destacado papel en la regeneración del Imperio, pese a lo cual Diocleciano no persiguió a los cristianos durante los primeros dieciocho años de su reinado. Diversos factores —entre ellos sin duda la influencia del césar Galerio— fueron determinantes del comienzo de esta tardía pero durísima persecución. Cuatro edictos contra los cristianos fueron promulgados entre febrero del año 303 y marzo del 304, con el designio de terminar de una vez para siempre con el Cristianismo y la Iglesia. La persecución fue muy violenta e hizo muchos mártires en la mayoría de las provincias del Imperio. Tan sólo las Galias y Britania —gobernadas por el césar Constancio Cloro, simpatizante con el Cristianismo y padre del futuro emperador Constantino— quedaron prácticamente inmunes de los rigores persecutorios. El balance final de esta última y gran persecución constituyó un absoluto fracaso. Diocleciano, tras renunciar al trono imperial, vivió todavía lo suficiente en su Dalmacia natal para presenciar, desde su retiro de Spalato, el epílogo de la era de las persecuciones y los comienzos de una época de libertad para la Iglesia y los cristianos.

Capítulo IV

LA VIDA DE LA PRIMITIVA CRISTIANDAD

Los cristianos formaron comunidades locales —iglesias— bajo la autoridad pastoral de un obispo. El obispo de Roma —sucesor del Apóstol Pedro— ejercía el Primado sobre todas las iglesias. La Eucaristía era centro de la vida cristiana. El rechazo del Gnosticismo fue la gran victoria doctrinal de la Iglesia primitiva.

1. La expansión del Cristianismo en el mundo antiguo se acomodó a las estructuras y modos de vida propios de la sociedad romana. Examinadas ya la progresiva realización del principio de universalidad cristiana y las relaciones entre la Iglesia y el Imperio pagano, procede ahora exponer los principales aspectos de la vida interna de las cristiandades: su composición social y jerárquica, el gobierno pastoral, la doctrina, la disciplina, el culto litúrgico, etc.

La Roma clásica promovió por doquier, con deliberado propósito, la difusión de la vida urbana: municipios y colonias surgieron en gran número por todas las provincias de un Imperio para el cual urbanización era sinónimo de romanización. El Cristianismo nació en este contexto histórico y las ciudades fueron sede de las primeras comunidades, que constituyeron en ellas iglesias locales. Las comunidades cristianas estaban rodeadas de un entorno pagano hostil, que favorecía su cohesión interna y la solidaridad entre sus miembros. Pero esas iglesias no fueron núcleos perdidos y aislados: la comunión y la comunicación entre ellas era real y todas tenían un vivo sentido de hallarse integradas en una misma Iglesia universal, la única Iglesia fundada por Jesucristo.

2. Muchas iglesias del siglo I fueron fundadas por los Apóstoles y, mientras éstos vivieron, permanecieron bajo su autoridad superior, dirigidas por un «colegio» de presbíteros que ordenaba su vida litúrgica y disciplinar. Este régimen puede atestiguarse especialmente en las iglesias «paulinas», fundadas por el Apóstol de las Gentes. Pero a medida que los Apóstoles desaparecieron, se generalizó en todas partes el episcopado local monárquico, que ya se había introducido desde un primer momento en otras iglesias particulares. El obispo era el jefe de la iglesia, pastor de los fieles y, en cuanto sucesor de los Apóstoles, poseía la plenitud del sacerdocio y la potestad necesaria para el gobierno de la comunidad.

3. La clave de la unidad de las iglesias dispersas por el orbe, que las integraba en una sola Iglesia universal, fue la institución del Primado romano. Cristo, Fundador de la Iglesia —tal como se recordó en otro lugar—, escogió al Apóstol Pedro como la roca firme sobre la que habría de asentarse la Iglesia. Pero el Primado conferido por Cristo a Pedro no era, de ningún modo, una institución efímera y circunstancial, destinada a extinguirse con la vida del Apóstol. Era una institución permanente, prenda de la perennidad de la Iglesia y válida hasta el fin de los tiempos. Pedro fue el primer obispo de Roma, y sus sucesores en la Cátedra romana fueron también sucesores en la prerrogativa del Primado, que confirió a la Iglesia la constitución jerárquica, querida para siempre por Jesucristo. La Iglesia romana fue, por tanto —y para todos los tiempos—, centro de unidad de la Iglesia universal.

4. El ejercicio del Primado romano ha estado lógicamente condicionado, a lo largo de los siglos, por las circunstancias históricas. En épocas de persecución o de difíciles comunica-

ciones entre los pueblos, aquel ejercicio fue menos fácil e intenso que en otros momentos más propicios. Pero la historia permite documentar, desde la primera hora, tanto el reconocimiento por las demás iglesias de la preeminencia que correspondía a la Iglesia romana, como la conciencia que los obispos de Roma tenían de su Primacía sobre la Iglesia universal.

A principios del siglo II, San Ignacio, obispo de Antioquía, escribía que la Iglesia romana es la Iglesia «puesta a la cabeza de la caridad», atribuyéndole así un derecho de supremacía eclesiástica universal. Para San Ireneo de Lyon, en su tratado «Contra las herejías» (a. 185), la Iglesia de Roma gozaba de una singular preeminencia y era criterio seguro para el conocimiento de la verdadera doctrina de la fe. De la conciencia que tenían los obispos de Roma de poseer el Primado sobre la Iglesia universal ha quedado un testimonio insigne, que se remonta al siglo I. A raíz de un grave problema interno, surgido en el seno de la comunidad cristiana de Corinto, el papa Clemente I intervino de modo autoritario. La carta escrita por el Papa, prescribiendo aquello que procedía hacer y exigiendo obediencia a sus mandatos, constituye una clara prueba de la conciencia que tenía de su potestad primacial; y no es menos significativa la respetuosa y dócil acogida dispensada por la iglesia de Corinto a la intervención pontificia.

5. «Los cristianos no nacen, se hacen», escribió Tertuliano a finales del siglo II. Estas palabras pudieron significar, entre otras cosas, que, en su tiempo, la gran mayoría de los fieles no eran —como serían a partir del siglo IV— hijos de padres cristianos, sino personas nacidas en la gentilidad, venidas a la Iglesia en virtud de una conversión a la fe de Jesucristo. El bautismo —sacramento de incorporación a la Iglesia— constituía entonces el coronamiento de un dilatado proceso de iniciación cristiana. Este proceso, comenzado por la conversión, proseguía a lo largo del «catecumenado», un tiempo de prueba y de

instrucción catequética, instituido de modo regular desde finales del siglo II. La vida litúrgica de los cristianos tenía su centro en el Sacrificio Eucarístico, que se ofrecía por lo menos el día del domingo, bien en una vivienda cristiana —sede de alguna «iglesia doméstica»—, o bien en los lugares destinados al culto, que comenzaron a existir desde el siglo III.

6. Las antiguas comunidades cristianas estaban constituidas por toda suerte de personas, sin distinción de clase o condición. Desde los tiempos apostólicos, la Iglesia estuvo abierta a judíos y gentiles, pobres y ricos, libres y esclavos. Es cierto que la mayoría de los cristianos de los primeros siglos fueron gentes de humilde condición, y un intelectual pagano hostil al Cristianismo, Celso, se mofaba con desprecio de los tejedores, zapateros, lavanderos y otras gentes sin cultura, propagadores del Evangelio en todos los ambientes. Pero es un hecho indudable que, desde el siglo I, personalidades de la aristocracia romana abrazaron el Cristianismo. Este hecho, dos siglos más tarde, revestía tal amplitud que uno de los edictos persecutorios del emperador Valeriano estuvo dirigido especialmente contra los senadores, caballeros y funcionarios imperiales que fueran cristianos.

7. La estructura interna de las comunidades cristianas era jerárquica. El obispo —jefe de la iglesia local— estaba asistido por el clero, cuyos grados superiores —los órdenes de los presbíteros y los diáconos— eran, como el episcopado, de institución divina. Clérigos menores, asignados a determinadas funciones eclesiásticas, aparecieron en el curso de estos siglos. Los fieles que integraban el Pueblo de Dios eran en su inmensa mayoría cristianos corrientes, pero los había también que se distinguían por una u otra razón. En la edad apostólica hubo numerosos carismáticos, cristianos que para servicio de la Iglesia recibieron dones extraordinarios del Espíritu Santo. Los carismáticos cumplieron una importante función en la Iglesia pri-

mitiva, pero constituían un fenómeno transitorio que se extinguió prácticamente en el primer siglo de la Era cristiana. Mientras duró la época de las persecuciones, gozaron de un especial prestigio los «confesores de la fe», llamados así porque habían «confesado» su fe como los mártires, aunque sobrevivieran a sus prisiones y tormentos. Todavía procede señalar otros fieles cristianos, cuya vida o ministerios les conferían una particular condición en el seno de las iglesias: las viudas, que desde los tiempos apostólicos formaban un «orden» y atendían a ministerios con mujeres; y los ascetas y las vírgenes, que abrazaban el celibato «por amor del Reino de los Cielos» y constituían —en palabras de San Cipriano— «la porción más gloriosa del rebaño de Cristo».

8. Los primeros cristianos sufrieron la dura prueba externa de las persecuciones; internamente, la Iglesia hubo de afrontar otra prueba no menos importante: la defensa de la verdad frente a corrientes ideológicas que trataron de desvirtuar los dogmas fundamentales de la fe cristiana. Las antiguas herejías —que así se llamó a esas corrientes de ideas— pueden dividirse en tres distintos grupos. De una parte, existió un Judeocristianismo herético, negador de la divinidad de Jesucristo y de la eficacia redentora de su Muerte, para el cual la misión mesiánica de Jesús habría sido la de llevar el Judaísmo a su perfección, por la plena observancia de la Ley. Un segundo grupo de herejías —de más tardía aparición— se caracterizó por su fanático rigorismo moral, estimulado por la creencia en un inminente fin de los tiempos. En el siglo II, la más conocida de estas herejías fue el Montanismo, aunque en el África latina, de principios del siglo IV, el extremismo rigorista sería todavía uno de los componentes del Donatismo.

9. Pero la mayor amenaza que hubo de afrontar la Iglesia cristiana durante la edad de los mártires fue, sin duda, la herejía gnóstica. El Gnosticismo era una gran corriente ideológica

tendente al sincretismo religioso, muy de moda en los siglos finales de la Antigüedad. El Gnosticismo —que constituía una verdadera escuela intelectual— se presentaba como una sabiduría superior, al alcance sólo de una minoría de «iniciados». Ante el Cristianismo su propósito fue desvirtuar las verdades de la fe, presentando las doctrinas gnósticas como la expresión de la tradición cristiana más sublime, que Cristo habría reservado para sus discípulos más íntimos. El representante más notable del Gnosticismo cristiano fue Marción. La Iglesia reaccionó con entereza y los Padres Apostólicos demostraron la absoluta incompatibilidad existente entre Cristianismo y Gnosticismo.

Capítulo V

LA IGLESIA EN EL IMPERIO ROMANO-CRISTIANO

En el transcurso del siglo IV, el Cristianismo comenzó a ser tolerado por el Imperio, para alcanzar luego un estatuto de libertad y convertirse finalmente —en tiempo de Teodosio— en religión oficial. El emperador romano-cristiano convocó las grandes asambleas de obispos —los concilios— y la Iglesia pudo organizar sus estructuras territoriales de gobierno pastoral.

1. La libertad le llegó al Cristianismo y a la Iglesia cuando apenas se habían extinguido los ecos de la última gran persecución. Fue justamente Galerio, principal instigador de aquella postrer embestida persecutoria, el primero en sacar consecuencias prácticas de su rotundo fracaso. Llegado como sucesor de Diocleciano a la suprema dignidad imperial, el augusto Galerio, próximo a la muerte, promulgó en Sárdica un edicto que marcaba nuevas pautas a la política romana frente al Cristianismo. El edicto otorgaba a los cristianos un estatuto de tolerancia: «existan de nuevo los cristianos —decía— y celebren sus asambleas y cultos, con tal de que no hagan nada contra el orden público».

2. El edicto de Galerio, dado en el año 311, no concedía a los cristianos plena libertad religiosa, sino tan sólo una cautelosa tolerancia. Mas, a pesar de ello, su importancia era grande. Por vez primera, el Cristianismo dejaba de ser una «superstición ilícita» y adquiría carta de ciudadanía. Esto representaba una conquista trascendental, no conseguida hasta entonces. La

33

Iglesia había conocido durante el siglo III épocas de tranquilidad, y hubo incluso emperadores romanos, como Filipo el Árabe (244-249), de evidentes simpatías filocristianas. Mas estos intervalos de bonanza no aportaban seguridad jurídica a la Iglesia, siempre expuesta a nuevas oleadas persecutorias. El estatuto de tolerancia de Galerio encerraba por tanto singular valor.

3. El tránsito de la tolerancia a la libertad religiosa se produjo con suma rapidez, y su autor principal fue el emperador Constantino. A principios del año 313, los emperadores Constantino y Licinio otorgaron el llamado «Edicto de Milán», que, más que una norma legal concreta, parece haber sido una nueva directriz política fundada en el pleno respeto a las opciones religiosas de todos los súbditos del Imperio, incluidos los cristianos. La legislación discriminatoria en contra de éstos quedaba abolida, y la Iglesia, reconocida por el poder civil, recuperaba los lugares de culto y propiedades de que hubiera sido despojada. El emperador Constantino se convertía así en el instaurador de la libertad religiosa en el mundo antiguo.

4. Dentro de este estatuto legal de libertad religiosa, la actitud de Constantino fue decantándose gradualmente en favor del Cristianismo. Resulta significativo que, antes incluso del llamado Edicto de Milán, cuando la suerte de la Urbe romana y del Imperio se dilucidaban por las armas entre aquel príncipe y su rival Majencio, el ejército constantiniano llevara en la batalla del Puente Milvio, como emblema propio, el lábaro con el monograma de Cristo. Constantino consideró siempre su victoria como una señal celestial, aunque su «conversión» definitiva —es decir, la recepción del bautismo— la demorase muchos años, hasta vísperas de su muerte (337). A lo largo de ese tiempo, la orientación pro-cristiana de Constantino se hizo cada vez más patente. Fueron desautorizadas las prácticas paganas cruentas o inmorales y se prohibió a los magistrados par-

ticipar en los tradicionales sacrificios de culto. El emperador, por otra parte, favorecía a la Iglesia de muy diversos modos: construcción de templos, concesión de privilegios al clero, ayuda para el restablecimiento de la unidad de la fe, perturbada en África por el cisma donatista y en Oriente por las doctrinas de Arrio. Los principios morales del Evangelio inspiraron de modo progresivo la legislación civil, dando así origen al llamado Derecho romano-cristiano.

5. El avance del Cristianismo no se interrumpió tras la muerte de Constantino, si se exceptúa el frustrado intento de restauración pagana por Juliano el Apóstata. Los demás emperadores —incluso aquellos que simpatizaron con la herejía arriana— fueron resueltamente contrarios al paganismo. Graciano, al asumir en 375 el poder imperial, rechazó el tradicional título de «Pontífice Máximo», que sus predecesores cristianos habían consentido conservar. Un enfrentamiento particularmente significativo entre Cristianismo ascendente y paganismo en decadencia se produjo en el escenario más venerable de la Roma antigua: el Senado. El altar de la Victoria que presidía el aula, como símbolo de la tradición gentil, fue removido por voluntad de los senadores cristianos, que eran ya mayoría, frente al grupo de los «viejos romanos», encabezados por el senador Símaco. La evolución religiosa se cerró antes de que terminara el siglo IV, por obra del emperador Teodosio. La constitución *Cunctos Populos,* promulgada en Tesalónica el 28 de febrero del año 380, ordenó a todos los pueblos la adhesión al Cristianismo católico, a partir de ahora única religión del Imperio.

6. Obtenida la libertad, la Iglesia tuvo necesidad de organizar sus estructuras territoriales, con vista a la acción pastoral en un mundo que se cristianizaba con rapidez. En virtud de lo que se ha llamado «principio de acomodación», la Iglesia tomó las estructuras administrativas del Imperio como norma de su

propia organización. La circunscripción civil más clásica —la provincia— sirvió de modelo a la provincia eclesiástica. El Imperio llegó a contar en el siglo V con más de 120 provincias. Sobre este cuadro territorial fue implantándose gradualmente la división provincial de la Iglesia. El obispo de la capital de la provincia civil fue adquiriendo cierta preponderancia sobre sus colegas comprovinciales: fue el «metropolitano», obispo de la «metrópoli», y los demás, sus sufragáneos. En el orden judicial, el metropolitano era la instancia superior de los demás tribunales diocesanos y le correspondía la consagración de los nuevos obispos de su provincia. Él debía, además, presidir el concilio provincial —asamblea de los obispos de esa demarcación— que, según la disciplina nunca bien observada del Concilio I de Nicea, debía reunirse dos veces al año.

7. La división del Imperio en dos «partes» —Oriente y Occidente—, consumada a finales del siglo IV y que terminaría por provocar la cristalización de dos Imperios, tuvo honda repercusión en la vida de la Iglesia. La «parte» occidental —que coincidía aproximadamente con las regiones de lengua y cultura latinas— tenía como única sede apostólica la de Roma, y por ello el Pontífice romano fue también Patriarca de Occidente. En la «parte» oriental, de cultura griega, siria y copta, sobresalieron varias grandes sedes de fundación apostólica —Alejandría, Antioquía y Jerusalén—, que fueron cabezas de los Patriarcados, amplísimas circunscripciones eclesiásticas. El Concilio I de Constantinopla elevó la sede de esta ciudad al rango patriarcal y atribuyó a sus obispos la primacía de honor dentro de la Iglesia después del obispo de Roma, «en razón —dijo— de que la ciudad es la nueva Roma». Sobre este fundamento de índole no eclesiástica, sino política —la capitalidad imperial—, se instituyó un nuevo Patriarcado —el de Constantinopla—, destinado a alcanzar una indiscutible preeminencia entre todos los Patriarcados orientales, a partir, sobre todo, del Concilio de Calcedonia.

8. La libertad de la Iglesia permitió una más clara estructuración y un ejercicio más efectivo del Primado de los papas sobre la Iglesia universal. Los grandes pontífices de los siglos IV y V —Dámaso, León Magno, Gelasio— se esforzaron por definir con precisión el fundamento dogmático del Primado romano: la primacía concedida por Cristo a Pedro, de quien los papas eran los legítimos y exclusivos sucesores. A partir del siglo IV, el ejercicio del Primado romano sobre las iglesias occidentales fue muy intenso: los papas intervinieron en multitud de ocasiones mediante epístolas decretales o por intermedio de legados y vicarios. En Oriente, un gran concilio —el de Sárdica (343-344)— sancionó el derecho de cualquier obispo del orbe a recurrir, como instancia suprema, al Pontífice romano. Pero prevaleció, en definitiva, una tendencia favorable a la autonomía jurisdiccional, favorecida por el desarrollo de los Patriarcados, especialmente el de Constantinopla. La postura del Oriente cristiano ante Roma, después del Concilio de Calcedonia, puede resumirse así: atribución al obispo de Roma de la primacía de honor en toda la Iglesia; reconocimiento de su autoridad en el terreno doctrinal; pero desconocimiento de cualquier potestad disciplinar y jurisdiccional de los papas sobre las iglesias orientales.

9. Bajo el Imperio romano-cristiano pudieron reunirse grandes asambleas eclesiásticas, manifestación genuina de la catolicidad de la Iglesia, que reciben el nombre de concilios «ecuménicos» o universales. Ocho sínodos ecuménicos tuvieron lugar entre los siglos IV y IX. Particular importancia se reconoció siempre a los cuatro primeros: los de Nicea I (325), Constantinopla I (381), Éfeso (431) y Calcedonia (451). Todos estos concilios se celebraron en el Oriente cristiano, y orientales fueron en su gran mayoría los obispos asistentes. Su convocatoria procedió de ordinario del emperador, única autoridad capaz de arbitrar los medios indispensables para la celebración de tan grandes asambleas; en varios de ellos, la convocatoria imperial fue promovida por una iniciativa pontificia, y los legados papales ocupaban un lugar de honor en el aula conciliar. El reconocimiento del carácter ecuménico de un gran concilio se fundó en su recepción por la Iglesia universal, expresada sobre todo a través de la confirmación papal de sus cánones y decretos.

10. La libertad de la Iglesia y la conversión del mundo antiguo trajo consigo, finalmente, la entrada en escena de un nuevo factor de notable importancia para los tiempos futuros: el emperador cristiano. Este personaje —un simple laico en el orden de la jerarquía— tenía conciencia, sin embargo, de que le correspondía una misión de defensor de la Iglesia y promotor del orden cristiano en la sociedad: era la función que se atribuía ya Constantino cuando tomaba para sí el significativo título de «obispo exterior». Los emperadores cristianos prestaron indudables servicios a la Iglesia, pero sus injerencias en la vida eclesiástica produjeron también numerosos abusos, cuya máxima expresión fue el llamado «Cesaropapismo». Estos abusos fueron particularmente graves en las iglesias de Oriente. En Occidente, la autoridad del papado, la debilidad de los emperadores occidentales o la lejanía geográfica de los orientales contribuyeron a la salvaguardia de la independencia eclesiástica. Las relaciones entre poder espiritual y temporal, su armónica conjunción y la misión del emperador cristiano fueron tratados por diversos Padres de la Iglesia y en especial por el papa Gelasio, en una carta al emperador Anastasio. Pero el papel del emperador cristiano como protector de la Iglesia se juzgaba tan indispensable en los siglos de tránsito de la Antigüedad al Medievo que, cuando los emperadores bizantinos dejaron de cumplir esa misión cerca del Pontificado romano, los papas buscaron en el rey de los francos el auxilio del poder secular que ya no podían esperar del emperador oriental.

SEGUNDA PARTE

LA ÉPOCA DE LOS PADRES

Capítulo I

LA PRIMERA LITERATURA CRISTIANA: LOS PADRES APOSTÓLICOS

Las letras cristianas tuvieron su origen en los «Padres Apostólicos», cuyos escritos reflejan la vida de la Cristiandad más antigua. La Apologética fue una literatura de defensa de la fe, mientras que el siglo III presenció ya el nacimiento de una ciencia teológica.

1. El Nuevo Testamento está compuesto de veintisiete libros, todos ellos escritos en la segunda mitad del siglo I. Cuatro Evangelios contienen la historia y las enseñanzas de Nuestro Señor Jesucristo; los Hechos de los Apóstoles —obra de San Lucas— es también un libro histórico que da a conocer la vida de la primitiva Iglesia de Jerusalén y sigue luego los avatares del Apóstol San Pablo, hasta su llegada a Roma para comparecer ante el tribunal del César. Un segundo grupo de libros —los didácticos— está formado por las catorce cartas de San Pablo y las siete epístolas «católicas» —dos de San Pedro, tres de San Juan, una de Santiago y otra de San Judas—. Un libro profético —el Apocalipsis de San Juan— viene a cerrar la serie de los libros inspirados que contienen la Revelación divina neotestamentaria. A la Escritura revelada le sigue la primitiva literatura cristiana.

2. La literatura de la Antigüedad cristiana surgió al hilo de la vida y refleja la existencia de la primera Iglesia. Ésta, con el paso del tiempo, creció internamente, hubo de afrontar peli-

gros de dentro y persecuciones de fuera; y, llegada a un determinado grado de madurez, sintió la necesidad de proceder a una elaboración sistemática de la doctrina de la fe. Todo este desarrollo tuvo cabida dentro de los tres primeros siglos de nuestra Era, anteriores a la concesión de la libertad religiosa por el emperador Constantino. Los textos literarios que se conservan permiten conocer puntualmente este itinerario histórico.

3. La más venerable literatura cristiana está integrada por un grupo de escritores en lengua griega, de los siglos I y II, a los que se conoce con el nombre de «Padres Apostólicos». Este título expresa sus características peculiares: la antigüedad —algunas obras son, probablemente, anteriores al Evangelio de San Juan— y la estrecha vinculación de estos escritores a los Apóstoles, de los cuales pueden considerarse discípulos. Los escritos de los «Padres Apostólicos» son de índole pastoral y están dirigidos a un público cristiano. Los textos más notables de este primer núcleo de la literatura cristiana fueron la *Didaché* —el más viejo tratado de disciplina eclesiástica—, la carta ya mencionada de San Clemente a los Corintios, las siete escritas por San Ignacio de Antioquía a otras tantas iglesias, durante su viaje hacia Roma, donde había de sufrir martirio, y otra epístola, todavía, de San Policarpo de Esmirna. El «Pastor» de Hermas, importante para la historia de la penitencia, pertenece también a este grupo de obras.

4. La Iglesia primitiva fue la Iglesia de los mártires. Los fieles deseaban conocer con detalle la gesta heroica de los cristianos que daban su vida por la fe de Jesucristo. Es cierto que esta curiosidad dio lugar a la aparición de relatos legendarios, de escaso valor histórico. Pero la literatura martirial cuenta con no pocos documentos con todas las garantías de la más estricta veracidad. Muchos martirios fueron precedidos por un proceso judicial, en el cual los notarios levantaban acta de los interrogatorios de los magistrados, las respuestas de los mártires y la

sentencia que les condenaba a morir. Los cristianos conseguían a veces copias literales de estas actas, como ocurrió con el proceso de San Justino, celebrado en Roma (c. a. 165), o el de San Cipriano en Cartago (a. 258). Un valor documental semejante a las «actas» tienen las «pasiones», relatos escritos por cristianos contemporáneos testigos de los hechos: unas páginas conmovedoras, que acostumbraban leerse en las iglesias en el día aniversario del martirio.

5.   En el siglo II apareció un nuevo género literario, exponente de las luchas que hubieron de sostener los cristianos con enemigos de dentro y de fuera. La defensa de la fe contra la herejía dio lugar a la composición de buen número de escritos antiheréticos, entre los cuales destaca el tratado «Contra las herejías», de San Ireneo de Lyon, al que ya se hizo referencia, y que es una refutación de las doctrinas gnósticas. Ireneo atribuye decisiva importancia a la tradición conservada por los obispos, sucesores de los Apóstoles, y en especial por la Iglesia romana, maestra de la fe, adornada por una nota de singular primacía sobre todas las demás iglesias.

6.   La literatura apologética tenía como objetivo primordial la vindicación de la verdad cristiana y estaba dirigida a lectores ajenos a la Iglesia. Hubo obras de apologética antijudía, y en ellas la argumentación se fundaba sobre todo en el Antiguo Testamento, para demostrar, partiendo de él, que Jesús era el Mesías anunciado por los Profetas, que la Iglesia es el nuevo Israel y que el Cristianismo realiza la plenitud de la Ley. Un ejemplo notable de la apologética antijudía es el «Diálogo con Trifón», escrito por el mártir San Justino hacia el año 150. Pero los destinatarios de la literatura apologética fueron sobre todo los paganos, que constituían el entorno social hostil al Cristianismo.

7.   La Apologética cristiana fue obra de los «Apologistas», grupo de escritores que asumieron la defensa del Cristianismo

frente al mundo gentil. De acuerdo con este propósito, sus escritos se dirigían a los representantes de la autoridad pública —emperadores, magistrados— o al pueblo romano en general. El contenido de esos escritos venía determinado por la naturaleza misma de las acusaciones contra los cristianos que estaban más en boga entre sus contemporáneos. Frente a las calumniosas especies que circulaban entre el vulgo atribuyéndoles toda suerte de crímenes, los Apologistas respondieron con el testimonio de la existencia real de los discípulos de Cristo. La «Epístola a Diogneto» —que quizá sea la apología presentada por Cuadrato al emperador Adriano— aduce aquel testimonio como la prueba más patente de la falsedad de tales calumnias. Más aún —agrega el autor—, la conducta de los cristianos era tan admirable, que sólo podía explicarse por la grandeza de sus ideales: «obedecen a las leyes establecidas, pero con su vida sobrepasan las leyes; aman a todos, y por todos son perseguidos; se les desconoce y se les condena; se les mata, y con ello se les da vida; son pobres y enriquecen a muchos; carecen de todo y abundan en todo; son deshonrados y en las mismas deshonras son glorificados».

8. Se acusaba a los cristianos de enemigos de la humanidad y malos ciudadanos del Imperio. Los Apologistas reaccionaron también vivamente frente a estas insidias: Los cristianos —escribían— ejercen un influjo benéfico en la sociedad: «lo que es el alma en el cuerpo, eso son los cristianos en el mundo», decía todavía la carta a Diogneto; y Orígenes, en respuesta a Celso, reafirmaba que «los hombres de Dios —los cristianos— son la sal que mantiene unidas las sociedades de la tierra». Por lo que hacía al Imperio, los Apologistas del siglo II afirmaban la plena lealtad de los cristianos, que cumplían puntualmente sus deberes ciudadanos y ofrecían por los emperadores el mejor de sus bienes, la oración: «Oramos en todo momento por los emperadores —escribía Tertuliano en su *Apologeticum*— para que vi-

van largos años, y pedimos un gobierno pacífico, la seguridad de su casa, un ejército valeroso, un Senado fiel, un pueblo honrado, la paz del mundo y cuanto emperadores y súbditos puedan desear.»

9. Los cristianos hubieron de afrontar todavía la oposición de los círculos ilustrados, que menospreciaban el valor intelectual del Cristianismo. La réplica de los Apologistas fue que la doctrina cristiana constituía una sabiduría infinitamente superior a la Filosofía griega, porque encerraba la plenitud de la verdad. En torno al año 200, algunos escritores que habían defendido el Cristianismo en el terreno intelectual comenzaron a producir una literatura no polémica, de un nuevo género demandado ya por el grado de madurez alcanzado por la Iglesia: exposiciones de conjunto de la doctrina de la fe, que sirvieran para la formación de los numerosos conversos que llegaban ahora procedentes de las clases más cultas de la sociedad. Tal fue el comienzo de la ciencia teológica.

10. Si hubiera que asignar una patria de origen a esa ciencia, habría que decidirse sin vacilar por Alejandría. En esta ciudad cosmopolita, foco de la cultura helenística, surgió la célebre escuela teológica que, a principios del siglo III, consiguió un extraordinario auge bajo la dirección de Clemente, un converso cuya amplísima cultura le permitió dar una sólida contextura científica a la exposición de la doctrina de la fe. El ambiente intelectual de la metrópoli egipcia imprimió sus rasgos a esta escuela cristiana: preferencia por la Filosofía platónica y empleo del método alegórico en la exégesis bíblica, en busca del sentido espiritual más profundo de la Sagrada Escritura. Estas notas distinguieron en todo momento a los teólogos alejandrinos.

11. Orígenes, sucesor de Clemente de Alejandría en la dirección de la escuela, la elevó a un altísimo grado de esplendor.

Orígenes fue una personalidad extraordinaria: confesor de la fe, escritor fecundísimo, la fama de su sabiduría se extendió por todo el Imperio, y la propia madre del emperador Alejandro Severo quiso conocerle. En Alejandría y después en Cesarea de Palestina desarrolló una actividad asombrosa y fue autor de dos mil obras. Su empresa más ambiciosa fueron las «Hexaplas», versión séxtuple de la Escritura destinada a obtener un texto crítico del Antiguo Testamento. En la ciudad de Antioquía surgió en el siglo IV otra escuela que rechazaba el método alegórico, propio de los alejandrinos, en la interpretación de la Biblia, y cultivaba la exégesis literal de la Sagrada Escritura, inspirada en la filosofía aristotélica.

Capítulo II

LA FORMULACIÓN DOGMÁTICA DE LA FE CRISTIANA: LOS CONCILIOS ECUMÉNICOS

En los siglos que siguieron a la conversión del mundo antiguo, fue definida con precisión la doctrina acerca de verdades muy fundamentales de la fe cristiana. Se formuló la doctrina dogmática sobre la Santísima Trinidad, el Misterio de Cristo y la cuestión de la Gracia.

1. El período romano-cristiano revistió extraordinaria importancia desde el punto de vista doctrinal. Liberada la Iglesia, llegó el momento histórico de formular con precisión la doctrina ortodoxa acerca de algunas cuestiones fundamentales de la fe cristiana: la Santísima Trinidad, el Misterio de Cristo y el problema de la Gracia. La definición del dogma católico se llevó a cabo en medio de recias batallas teológicas frente a herejías que produjeron escisiones en el seno de la Iglesia, algunas de las cuales todavía perduran. Instrumento fundamental de esta tarea fueron los concilios ecuménicos. Ocho concilios ecuménicos, reunidos entre los siglos IV y IX, integran el primer ciclo de la historia conciliar de la Iglesia. Fueron éstos, por orden cronológico: el I de Nicea (325), que definió la consustancialidad del Hijo con el Padre; el Concilio I de Constantinopla definió la divinidad del Espíritu Santo (381). El Concilio de Éfeso (431) proclamó la maternidad divina de María; el de Calcedonia (451) definió la doctrina de las dos naturalezas en la única persona de Cristo. El Concilio II de Constantinopla (553) condenó como nestoriana la doctrina de los tres capítulos, y el III de Constantinopla (680-681) formuló la doctrina de las dos voluntades en Cristo. En los dos primeros concilios quedó definida la doctrina teológica sobre la Santísima Trinidad y los cuatro siguientes formularon las verdades cristológicas fundamentales. Todavía se celebraron otros dos concilios ecuménicos en Oriente: el II de Nicea (787), que formuló la doctrina ortodoxa sobre el culto a las imágenes, y el IV de Constantinopla (869-870), que puso término al cisma de Focio y que los griegos no reconocen como ecuménico. Examinemos más despacio, dentro de su contexto histórico y doctrinal, los seis primeros concilios, que definieron las doctrinas trinitaria y cristológica.

2. La formulación del dogma trinitario fue la gran empresa teológica del siglo IV, y la ortodoxia católica tuvo al Arrianismo como adversario. El Arrianismo enlazaba con ciertas antiguas doctrinas que ponían el acento de modo exagerado y unilateral sobre la unidad de Dios, hasta el punto de destruir la distinción de Personas en la Santísima Trinidad —«Sabelianismo»— o de «subordinar» el Hijo al Padre, haciéndole inferior a Éste —«Subordinacionismo»—. Un Subordinacionismo radical inspiraba las enseñanzas del presbítero alejandrino Arrio (256-336), que no sólo hacía al Hijo inferior al Padre, sino que negaba incluso su naturaleza divina. La unidad absoluta de Dios proclamada por Arrio llevaba a considerar al Verbo tan sólo como la más noble de las criaturas, no Hijo natural, sino adoptivo de Dios, al que de modo impropio era lícito llamar también Dios.

3. La doctrina arriana revelaba un claro influjo de la filosofía helenística, con su noción del Dios supremo —el *Summus Deus*— y un concepto del Verbo muy afín al Demiurgo platónico, ser intermedio entre Dios y el mundo, y artífice, a la vez, de la creación. La relación existente entre Arrianismo y filosofía griega explica su rápida difusión y la favorable acogida que

48

encontró entre los intelectuales racionalistas impregnados de helenismo. Las consecuencias del Arrianismo para la fe cristiana eran gravísimas y afectaban al dogma de la Redención, que habría carecido de eficacia si el Verbo encarnado —Jesucristo— no fuera verdadero Dios. La Iglesia de Alejandría advirtió la trascendencia del problema y, tras intentar disuadir a Arrio de su error, procedió a condenarle en un sínodo de obispos de Egipto (318). Pero el Arrianismo se había convertido ya en un problema de dimensión universal que requirió la convocatoria del primer concilio ecuménico de la historia cristiana.

4. El Concilio I de Nicea (325) significó un triunfo rotundo para los defensores de la ortodoxia, entre los cuales destacaban el obispo español Osio de Córdoba y el diácono —luego obispo— de Alejandría, Atanasio. El concilio definió la divinidad del Verbo, empleando un término que expresaba de modo inequívoco su relación con el Padre: *homoousios*, «consustancial». El «Símbolo» niceno proclamaba que el Hijo, Jesucristo, «Dios de Dios, Luz de Luz, Dios verdadero de Dios verdadero, engendrado, no creado» es «consustancial» al Padre. La victoria de la ortodoxia en Nicea fue seguida, sin embargo, por un «posconcilio» de signo radicalmente opuesto, que constituye uno de los episodios más sorprendentes de la historia cristiana. El partido filoarriano, dirigido por el obispo Eusebio de Nicomedia, logró alcanzar una influencia decisiva en la Corte imperial, y en los años finales de Constantino, y durante los reinados de varios de sus sucesores, pareció que el Arrianismo iba a prevalecer: los obispos nicenos más ilustres fueron desterrados y —según la gráfica frase de San Jerónimo— «la tierra entera gimió y descubrió con sorpresa que se había vuelto arriana».

5. Desde mediados del siglo IV, el Arrianismo se dividió en tres facciones: los radicales «anomeos», que hacían hincapié en la desemejanza del Hijo con respecto al Padre; los «homeos», que consideraban al Hijo *homoios* —es decir, semejante— al

Padre; y los llamados semiarrianos —los más próximos a la ortodoxia—, para los cuales el Hijo era «sustancialmente semejante» al Padre.

La obra teológica de los llamados «Padres capadocios» desarrolló la doctrina nicena y atrajo a muchos seguidores de las tendencias más moderadas del Arrianismo, que en breve tiempo desapareció del horizonte de la Iglesia universal, para sobrevivir tan sólo como la forma de Cristianismo profesada por la mayoría de los pueblos germánicos invasores del Imperio. La teología trinitaria fue completada en el Concilio I de Constantinopla con la definición de la divinidad del Espíritu Santo, frente a la herejía que la negaba: el Macedonianismo. De este modo, antes de finalizar el siglo IV, la doctrina católica de la Santísima Trinidad quedó fijada en su conjunto en el «Símbolo niceno-constantinopolitano». Había, sin embargo, un aspecto de la teología trinitaria no declarado expresamente en el Símbolo: las relaciones del Espíritu Santo con el Hijo. Este punto daría lugar más tarde a la célebre cuestión del *Filioque,* destinada a convertirse en manzana de discordia entre el Oriente y el Occidente cristianos.

6. Definida ya la doctrina de la Santísima Trinidad, la teología hubo de plantearse de modo inmediato el Misterio de Cristo, no en relación con las otras Personas divinas, sino en sí mismo. La cuestión fundamental era, en sustancia, ésta: Cristo es «perfecto Dios y perfecto hombre»; pero ¿cómo se conjugaron en Él la divinidad y la humanidad? Frente a esa pregunta, las dos grandes escuelas teológicas de Oriente adoptaron posiciones contrapuestas. La escuela de Alejandría hizo hincapié en la perfecta divinidad de Jesucristo: la naturaleza divina penetraría de tal modo a la humanidad —como el fuego al hierro candente— que se daría una unión interna, una «mezcla» de naturalezas. La escuela de Antioquía insistía, por el contrario, en la perfecta humanidad de Cristo. La unión de las dos naturalezas en Él sería tan sólo externa o moral: por ello, más que de «encarnación» habría que hablar de «inhabitación» del Verbo, que «habitaría» en el hombre Jesús como en una túnica o en una tienda.

7. La cuestión cristológica se planteó abiertamente cuando el obispo Nestorio de Constantinopla, de la escuela antioquena, predicó públicamente contra la Maternidad divina de María, a la que negó el título de *Theotokos* —Madre de Dios—, atribuyéndole tan sólo el de *Christotokos* —Madre de Cristo—. Se produjeron tumultos populares, y el patriarca de Alejandría, San Cirilo, denunció a Roma la doctrina nestoriana. El papa Celestino I pidió a Nestorio una retractación, que éste rehusó prestar. El Concilio de Éfeso (431), reunido entonces por el emperador Teodosio II, tuvo un desarrollo muy accidentado, por la rivalidad entre obispos alejandrinos y antioquenos. Mas al final hubo acuerdo y se compuso una profesión de fe en la que se formulaba la doctrina de la «unión hipostática» de las dos naturalezas en Cristo y se llamaba a María con el título de Madre de Dios. Nestorio fue depuesto y desterrado; grupos de partidarios suyos subsistieron, sin embargo, en el Cercano Oriente y constituyeron una Iglesia nestoriana que, durante muchos siglos, desarrolló una importante obra misional por tierras de Asia.

8. El Patriarcado de Alejandría había alcanzado creciente poder en la primera mitad del siglo V y varios de sus obispos intervinieron activamente en asuntos internos de la propia Iglesia de Constantinopla. Ocurrió, además, que tras la muerte de San Cirilo, las tendencias extremistas se impusieron en Alejandría. La doctrina de Éfeso de las dos naturalezas en la única persona de Cristo pareció insatisfactoria a los teólogos alejandrinos, por entender que dos naturalezas equivalía a dos personas; y afirmaron que en Cristo no habría más que una naturaleza, puesto que en la Encarnación la naturaleza humana había

51

sido absorbida por la divina. Esta doctrina —Monofisismo— la anunció en Constantinopla el archimandrita Eutiques, que fue privado de su oficio por el patriarca Flaviano. Intervino entonces el patriarca de Alejandría, Dióscuro, que consiguió el apoyo del emperador Teodosio II. Un concilio reunido en Éfeso (449), bajo la presidencia de Dióscuro, se celebró bajo el signo de la violencia. El patriarca de Constantinopla fue depuesto y desterrado; se impidió la lectura de la epístola dogmática del Papa dirigida a Flaviano, de que eran portadores los legados pontificios, y se condenó la doctrina de las dos naturalezas en Cristo. El papa León Magno bautizó a esa asamblea con un apelativo que ha pasado a la historia: el «latrocinio de Éfeso».

9. Tan pronto como los emperadores Pulqueria y Marciano sucedieron a Teodosio II, el papa León pidió la reunión de un nuevo sínodo ecuménico: fue el Concilio de Calcedonia (451). El concilio se adhirió de modo unánime a la doctrina cristológica contenida en la epístola de León Magno a Flaviano: «Pedro ha hablado por boca de León», aclamaron los padres. La profesión de fe que se redactó reconocía las dos naturalezas en Cristo, «sin que haya confusión, ni división, ni separación entre ellas». Pero el Monofisismo, lejos de desaparecer, echó raíces profundas en varias regiones de Oriente, y en particular Egipto, donde se tomó como bandera secesionista frente al Imperio. La condena del Monofisismo fue entendida como un ataque a su Iglesia y a las tradiciones de Atanasio y Cirilo. Un Patriarcado monofisita —que tenía tras de sí a los monjes y a la población indígena copta— surgió en Alejandría, frente al Patriarcado «melquita» o imperial.

10. Este contexto histórico explica los esfuerzos de los siguientes emperadores por hallar fórmulas de compromiso que, sin contradecir el Símbolo de Calcedonia, pudieran ser aceptables para los monofisitas y asegurasen la fidelidad de estas po-

52

blaciones al Imperio. En esta línea estuvo el *Henotikon* —edicto del emperador Zenón (482)— y la famosa cuestión de los «Tres Capítulos», promovida por Justiniano, que no logró sus propósitos y produjo, en cambio, reacciones desfavorables en Occidente. La tentativa más importante fue la patrocinada por el emperador Heraclio, esforzado defensor del Oriente cristiano frente a persas y árabes. El patriarca de Constantinopla, Sergio, pensó que, sin negar la doctrina calcedonense de las dos naturalezas, podía afirmarse que, en virtud de la unión hipostática, existió en Cristo una sola «energía» humano-divina —Monoenergismo— y que Cristo tuvo una sola voluntad —Monotelismo—. Heraclio sancionó esta doctrina por el decreto dogmático *Ecthesis* (638). La *Ecthesis* no solucionó nada, ni religiosa ni políticamente. Los monofisitas la rechazaron y en muy breve tiempo Palestina, Siria y Egipto cayeron en poder de los árabes. La cuestión cristológica llegó a su término cuando el Concilio III de Constantinopla (680-681) —sexto de los ecuménicos—, sobre la base de las cartas enviadas por el papa Agatón, completó el Símbolo de Calcedonia, con una expresa profesión de fe en las dos energías y dos voluntades en Cristo. El Cristianismo monofisita ha perdurado hasta hoy en Egipto y Etiopía.

Capítulo III

LOS PADRES DE LA IGLESIA: SU IMPORTANCIA PARA LA TRADICIÓN. LA PATRÍSTICA ORIENTAL Y LA OCCIDENTAL

Los siglos IV y V constituyen la edad de oro de la Patrística. En Oriente y Occidente apareció una pléyade de personalidades excepcionales, que aunaban la santidad de vida y una destacada labor en el campo de las ciencias sagradas, e incluso de la cultura en general.

1. La historia ha tenido siempre protagonistas, y protagonistas insignes tuvo la historia eclesiástica de la época romano-cristiana. El inmenso esfuerzo de formulación del dogma, expuesto en el capítulo anterior, fue llevado adelante gracias a la sabiduría y la acción de una serie de personajes excepcionales, que se conocen con el nombre de «Padres de la Iglesia». Los Padres aunaban la ciencia sagrada y la nota de santidad, públicamente reconocida por la Iglesia, rasgo éste por el que se diferencian de los simples «escritores eclesiásticos», en los cuales podía no darse la nota de santidad personal o la integridad de la ortodoxia. Los tiempos de oro de la Patrística fueron los siglos IV y V, aun cuando hasta el siglo VIII se extiende la que puede denominarse «edad de los Padres». Los Padres occidentales escribieron todos en latín; en Oriente los Padres fueron en su mayoría griegos, aunque también los hubo que se expresaron en otras lenguas: sirio, copto, armenio, georgiano, árabe, etc. Aquí se recordará tan sólo a los Padres orientales y latinos que más fama alcanzaron en la Iglesia universal.

54

«'Padres de la Iglesia' se llaman con toda razón —escribió Juan Pablo II en la Carta Apostólica *Patres Ecclesiae* (27-I-1980)— a aquellos santos que con la fuerza de la fe, con la profundidad y riqueza de sus enseñanzas la engendraron y formaron en el transcurso de los primeros siglos». La expresión «Padres» se aplica, pues, a los grandes escritores cristianos anteriores al año 750, que reúnen los tres rasgos característicos de ortodoxia de doctrina, santidad de vida y la aprobación al menos tácita de la Iglesia. Los Padres aparecen como los testigos de la Tradición en la Iglesia, en aquellas doctrinas en las que sus afirmaciones son coincidentes. Es el criterio de la unanimidad moral, ya formulada por San Vicente de Lérins en su célebre *Commonitorium* (434): «Hay que recibir —decía— las sentencias de aquellos Padres que, viviendo santa, sabia y constantemente en la fe y comunión católica, merecieron ya sea morir fielmente en Cristo, ya sea ser felizmente muertos por Cristo. Pero hay que creerlas de acuerdo con esta norma: Todo lo que todos o muchos afirmaron manifiesta, frecuente o perseverantemente en uno y el mismo sentido, téngase por indudable, cierto y confirmado». Esta doctrina, en el campo concreto de la interpretación de la Sagrada Escritura fue sancionada por el Concilio de Trento: «a nadie le es lícito interpretar la Escritura contra el consenso unánime de los Padres» (Dz 786).

2.   El más antiguo de los Padres orientales fue San Atanasio, obispo de Alejandría y principal defensor de la ortodoxia católica frente a la herejía arriana. Atanasio, siendo aún diácono, participó en el Concilio de Nicea del año 325, donde desempeñó un papel relevante. Tres años más tarde fue elegido obispo de Alejandría y consagró más tarde su vida a la defensa de la fe ortodoxa definida en Nicea. Su pontificado se prolongó durante 45 años, 17 de los cuales los pasó desterrado —en Tréveris, en Roma, entre los monjes del desierto egipcio— como consecuencia del extraño signo que tuvo la época del postcon-

cilio niceno, cuando el Arrianismo condenado en Nicea pareció prevalecer merced al influjo conseguido por el obispo filoarriano Eusebio de Nicomedia sobre los emperadores de la dinastía constantiniana. La mayor parte de los escritos de Atanasio estuvieron consagrados a la defensa de la ortodoxia y a la exposición científica del dogma trinitario y la doctrina del *Logos;* en esta línea destacamos sus tres «Discursos contra los arrianos». Atanasio fue también autor de varios escritos sobre la virginidad y de una obra hagiográfica que alcanzó extraordinario éxito: la «Vida de San Antonio», que contribuyó poderosamente a la difusión de la vida ascética en Occidente.

3. En el plano teológico, la victoria final sobre el Arrianismo fue conseguida merced a la obra de tres Padres pertenecientes, como Atanasio, a la escuela alejandrina y que son conocidos con el título común de «los grandes capadocios: los hermanos Basilio de Cesarea (370-379) y Gregorio de Nisa (335-394?) y su amigo Gregorio de Nacianzo (†389-390). Basilio, llamado el Grande, fue arzobispo de Cesarea y destacó, no sólo por sus escritos teológicos antiarrianos, sino también como hombre de gobierno y organizador del monacato oriental. Fue autor de dos reglas monásticas y de una liturgia que lleva su nombre. Su tratado «A los jóvenes» encierra todo un programa de humanismo cristiano. Su amigo Gregorio Nacianceno compuso la «Filocalia», una antología de las obras de Orígenes, y fue llamado por su elocuencia el «Demóstenes cristiano». Sus discursos, dirigidos a defender la dignidad del Hijo y del Espíritu Santo le valieron el apelativo de «el Teólogo». El tercero de los Padres capadocios fue el hermano menor de Basilio, Gregorio Niseno. Dotado de un excepcional talento especulativo, y seguramente el más profundo de los tres, compuso la «Gran Catequesis», una excelente exposición y defensa de los principales dogmas del Cristianismo, y escribió un sugestivo «Diálogo», mantenido con su hermana Macrina, acerca

del alma y la resurrección. Gregorio de Nisa fue, por último, uno de los Padres de la mística cristiana y descubrió, sobre la base de su experiencia personal, la acción del *Logos* en el alma, que completa la obra de salvación incoada en el bautismo.

Antioqueno de nacimiento y formación, San Juan Crisóstomo —«Boca de oro»— (344-407) ha sido considerado por la Iglesia griega como su mejor orador y un exegeta eminente, que comentó numerosos libros de la Biblia. Obispo de Constantinopla durante seis años, sus célebres homilías le acarrearon la enemistad de la emperatriz Eudoxia, y en consecuencia, la pérdida de la sede y el destierro hasta la muerte. El doctor egipcio más ilustre del siglo V fue sin duda San Cirilo, obispo de Alejandría (412-444); Cirilo mantuvo la doctrina ortodoxa frente a Nestorio y, por su defensa del título de Madre de Dios para la Virgen, ha de considerarse como el principal mariólogo entre todos los Padres de la Iglesia. Su influencia fue decisiva en el concilio de Éfeso, donde se definió —como ya se ha dicho— la Maternidad divina de María.

El primero de los grandes Padres occidentales fue, por encima de cualquier otra consideración, un personaje histórico de gran relieve: San Ambrosio (333-397), que desarrolló una notable actividad literaria de exégesis bíblica y predicación, pero estuvo, además, en el centro de la actualidad, en una época singularmente conflictiva y difícil. Ambrosio fue un genuino romano, y esa cualidad se deja sentir tanto en su brillante carrera civil como en su gobierno pastoral de obispo de Milán, a cuya sede fue elevado por aclamación popular, siendo todavía simple catecúmeno. Correspondió a San Ambrosio el honor de administrar el bautismo a quien habría de ser el mayor de los Padres occidentales, San Agustín. Le tocó en suerte también ser amigo y consejero de tres emperadores y excomulgar a uno de ellos —Teodosio el Grande—, por la matanza de Tesalónica; pero a su muerte hizo de él un impresionante elogio fúnebre, tan sentido como la oración que pronunciara años antes en memoria de su antecesor Valentiniano II. La fama de

Ambrosio trascendió a su sede episcopal —Milán—, cuyo prestigio se acrecentó considerablemente, no sólo en Italia del Norte, sino también en otras regiones del Occidente latino.

El Occidente romano dio también a la historia cristiana su más insigne cultivador de la Sagrada Escritura: el dálmata Eusebio Jerónimo (342-420). Merece la pena destacar que Jerónimo, como la mayoría de los Padres de la Iglesia, no vivió una existencia recoleta, consagrada a los estudios y de espaldas a las realidades de su tiempo. Antioquía y Constantinopla, Tréveris y Roma fueron sucesivas residencias de San Jerónimo, que terminó por establecerse en Belén, la ciudad natal de Jesús. Jerónimo fue también algo muy distinto a un erudito intelectual o un puro hombre de estudio. Polemista apasionado, promovió con entusiasmo el ascetismo en su labor de dirección espiritual de nobles damas de la aristocracia romana. La obra de Jerónimo como historiador y exegeta es muy notable; mas su gran legado ha sido la traducción de numerosos libros de la Biblia, directamente del hebreo o arameo al latín. Esta versión es la célebre *Vulgata,* cuya «autenticidad», declarada por el Concilio de Trento, significa que en materia de fe y costumbres está exenta de error. A Jerónimo se debe también la primera historia de la literatura cristiana: los «Varones ilustres», que fue continuada por Genadio de Marsella.

Pero el principal Padre de la Iglesia y una de las figuras cumbres de la historia cristiana, y aun de toda la humanidad, fue el africano Aurelio Agustín (354-430). Sus «Confesiones» —autobiografía espiritual desde la infancia hasta su conversión— es una obra maestra de la literatura universal, que conserva intacta su modernidad a través de los siglos e interesa al lector de todos los tiempos. San Agustín comentó el Antiguo y el Nuevo Testamento y trató los grandes temas de la Teología, que gracias a su aportación experimentó decisivos avances. Hombre de su época, Agustín se interroga acerca de los acontecimientos históricos que se sucedían ante sus ojos, y en especial la ruina del Imperio romano de Occidente, abatido por las invasiones bárbaras, justamente cuando había llegado a ser un Imperio cristiano. Los paganos interpretaban estas desgracias de Roma como un castigo de los dioses, por haber abandonado la vieja religión. Agustín escribió en respuesta «La Ciudad de Dios», ensayo de Teología de la Historia y tratado de Apologética, en el cual se pregunta por el sentido de los tiempos y el plan de la Providencia divina. San Agustín, en su ancianidad, experimentó de cerca la inclemencia del tiempo que le tocó conocer y murió en su ciudad episcopal de Hipona, cercada por los vándalos. El título de *Doctor gratiae* con el que es conocido en la historia de la Teología recuerda especialmente el largo esfuerzo desplegado por él para combatir la doctrina racionalista de Pelagio sobre la gracia.

La Iglesia de Occidente cuenta también entre sus Padres a dos papas a los cuales la historia les atribuye el apelativo de «Magno»: León y Gregorio. León I —tal como se ha visto— contribuyó de modo sustancial a la formulación del dogma cristológico. La teología del Primado romano y su fundamentación escriturística en el Primado conferido por Cristo a Pedro se debe igualmente en buena parte a San León. El otro papa «grande», Gregorio (540-604), es ya un romano proyectado hacia el Medievo. Mucho había cambiado el mundo en pocos siglos: si el contexto histórico del primer gran Padre de la Iglesia, Atanasio, fue el Imperio constantiniano, el horizonte vital de Gregorio Magno —tanto o más que la lejana Constantinopla— era la Italia longobarda, la España visigoda y la Francia merovingia. Las obras de Gregorio —los «Morales» o los «Diálogos»— las leerán con avidez los hombres de la Edad Media; y el canto «gregoriano» se conservó vivo en la Iglesia hasta nuestros días. Un español —San Isidoro de Sevilla († 636)— puede considerarse en rigor como el último Padre occidental. Sus «Etimologías» fueron la primera enciclopedia cristiana, y su misión, la de ser el maestro del Occidente medieval, al que hizo llegar las riquezas de la sabiduría de la Antigüedad.

Capítulo IV
LA VIDA ASCÉTICA Y EL MONACATO

Desde los orígenes de la Iglesia, hubo cristianos que abrazaron una vida de plena imitación de Jesucristo. Más tarde, el ascetismo cristiano revistió formas características de huida del mundo y vida en común: así nació el monacato, que floreció desde el siglo IV, tanto en el Oriente cristiano como en el mundo latino occidental.

1. La vida ascética cristiana es tan antigua como la Iglesia de Jesucristo. Desde los mismos orígenes, hubo fieles de uno y otro sexo que abrazaban una vida de plena imitación del Maestro: permanecían vírgenes o guardaban continencia, practicaban la oración y la mortificación cristiana y se ejercitaban en las obras de misericordia. Durante los tres primeros siglos, ascetas y vírgenes no abandonaban el mundo ni se reunían, de ordinario, a vivir en común. Sin solemnidades públicas, como las que luego se introdujeron, se comprometían a guardar la castidad «por el Reino de los Cielos» (Mt XIX, 12) y permanecían entre los demás miembros de su comunidad cristiana, habitando en sus casas y administrando sus bienes.

2. En la sociedad romano-cristiana de los siglos IV y V, el fenómeno ascético tuvo resonantes manifestaciones en los propios círculos de la aristocracia. Matrimonios de la nobleza senatorial, como Paulino de Nola y Terasia o Piniano y Melania, se desprendieron de inmensos patrimonios y asumieron una existencia de fieles discípulos de Jesucristo, según las enseñanzas del Evangelio. San Jerónimo dirigió espiritualmente a los

círculos ascéticos de nobles señoras romanas, primero en la propia Urbe y luego en Palestina: les explicaba los Libros Sagrados y les alentaba en el ejercicio de la ascesis cristiana. La práctica de la castidad entre las mujeres se incrementó a lo largo del siglo IV y, a veces, viudas y doncellas vírgenes comenzaron a vivir en común, como sucedió en Roma, en torno a las nobles damas Paula y Marcela.

3. La tradición ascética cristiana dio vida, desde principios del siglo IV, a la institución del monacato, que tanta importancia había de tener en la historia de la Iglesia. Un rasgo peculiar caracterizó esta nueva forma de vida ascética: la huida del mundo. La consagración al servicio divino se estimaba ahora que sólo podía realizarse con perfección mediante el apartamiento del siglo; saliendo del ambiente existente en los tiempos que siguieron a la paz de la Iglesia, menos fervorosos que el de las antiguas comunidades cristianas, por la llegada de muchedumbres de neófitos de espíritu mediocre y costumbres paganas.

4. En la Tebaida —Alto Egipto—, San Pacomio (286-346) aportó al monacato nuevos elementos de notoria importancia en la historia del ascetismo: la vida común y la obediencia al superior religioso. Los monjes pacomianos formaron comunidades numerosísimas y, frente a la vida independiente propia de los solitarios, su existencia se hallaba minuciosamente ordenada por las prescripciones de una norma escrita —la «Regla»—, que en lo sucesivo constituyó un elemento esencial de la institución monástica. La «Regla» de Pacomio fue reformada en sentido rigorista por el abad Shenouté. En Asia Menor, donde el monacato había hecho su aparición poco después que en Egipto, San Basilio de Cesarea lo promovió y organizó. Basilio no escribió una Regla propiamente dicha, pero sus conferencias ascéticas y otros escritos formaron unos cuerpos de observancias monacales que recibieron también el nombre de «reglas». Las observancias basilinianas fueron base principal del monacato bizantino, y su influencia literaria se recibió también en Occidente.

5. Obispos ilustres —Ambrosio de Milán, Eusebio de Vercelli, etc.— promovieron el monacato también entre el clero de sus iglesias. Particular relieve tuvo San Agustín, que, tras ser nombrado obispo de Hipona, reunió a los clérigos en su casa e instituyó en ella la vida común. La llamada «Regla de San Agustín», destinada a esta comunidad, se tomaría como norma en los siglos medievales cuando distintos intentos de reforma eclesiástica promovieron la vida común —*vita canonica*— entre el clero. La actitud de los monjes ante la cultura fue dispar: mientras en el Egipto copto dominó una tónica de anti-intelectualismo, hubo monasterios, como el de *Vivarium,* fundado en Calabria por Casiodoro —el antiguo ministro de Teodorico el Grande—, donde los estudios tenían parte principal, como un anticipo de la misión de conservación de la cultura antigua a que tanto contribuyeron los monjes medievales.

6. El lugar de honor en la historia del monacato latino corresponde sin duda alguna a San Benito (480-547), el padre de los monjes de Occidente. Subiaco primero y Montecasino después, fueron los dos monasterios fundados y gobernados por San Benito. En Montecasino, al final de su vida, Benito compuso la celebérrima regla que lleva su nombre, donde se conjugan experiencias propias y elementos tomados de los grandes legisladores orientales —Pacomio y Basilio— y sobre todo de un texto anónimo —la «Regla del Maestro»—, que constituye la principal fuente del Código benedictino. Este Código alcanzó con el tiempo un éxito inmenso y se convirtió en la regla típica del monacato occidental.

TERCERA PARTE

LA CONVERSIÓN
DE LOS PUEBLOS BÁRBAROS

Capítulo I

LA CAÍDA DEL IMPERIO ROMANO DE OCCIDENTE Y LA CONVERSIÓN DE LOS PUEBLOS BÁRBAROS

Las invasiones germánicas abrieron al Cristianismo el acceso a nuevos pueblos, que se establecieron en tierras del Imperio. Luego, los misioneros llevaron el Evangelio más allá de las antiguas fronteras romanas. Germanos, eslavos, magiares, etc., recibieron la fe cristiana y se incorporaron a la Iglesia, aunque varios de esos pueblos lo hicieran tras haber profesado temporalmente la herejía arriana.

1. En el verano del año 476, el ejército romano-barbárico acantonado en el valle del Po se sublevó pidiendo la entrega de una tercera parte de las tierras itálicas. El joven emperador Rómulo «Augústulo» fue depuesto del trono y Odoacro, el oficial bárbaro cabeza de la revuelta, no promovió un nuevo emperador y envió las insignias imperiales al soberano del Imperio oriental, Zenón. El Imperio romano de Occidente, tras una larga agonía, había desaparecido.

Las «invasiones bárbaras» constituyen un hecho de trascendental importancia para la historia cristiana. Hasta entonces, la expansión del Evangelio se había limitado prácticamente a los pueblos de cultura mediterránea, con alguna rara excepción, como fue el caso de Armenia. Desde finales del siglo IV, las grandes migraciones populares tuvieron la virtud de poner en contacto con la Iglesia a todo un nuevo mundo étnico y cultural: germanos y eslavos, magiares y escandinavos se abrieron al Cristianismo en el curso de los siglos siguientes. Las invasiones crearon oportunidades insospechadas de expansión cristiana. Un contemporáneo —el hispano Paulo Orosio, discípulo de

San Agustín— acertaba a expresar con fe y lucidez este sentido providencial de un acontecimiento que, a los ojos de tantos otros, aparecía como irremediable tragedia: «Aun cuando los bárbaros —escribía— hubieran sido enviados a suelo romano con el solo designio de que las iglesias cristianas de Oriente y Occidente se llenaran de hunos, suevos, vándalos y burgundios, y de otras muchedumbres innumerables de pueblos creyentes, habría que alabar y exaltar la misericordia de Dios porque hayan llegado al conocimiento de la verdad —aunque sea a costa de nuestra ruina— tantas naciones que, si no fuera por esta vía, seguramente nunca hubieran llegado a conocerla.»

2. La mayoría de los pueblos germánicos invasores de Occidente no se convirtieron directamente desde su paganismo ancestral al Cristianismo católico. Su conversión pasó por un estadio intermedio de Cristianismo arriano. Es preciso explicar la razón de esta peripecia para comprender tan importante página de la historia religiosa europea. El Arrianismo se introdujo en el mundo germánico a través del pueblo visigodo; en el año 367, este pueblo, asentado en la Dacia y presionado por los hunos, solicitó del emperador Valente licencia para cruzar el Danubio —entonces frontera romana— y establecerse en suelo imperial. Los visigodos —según el testimonio de su historiador Jordanes— ofrecieron a Valente reconocer su autoridad y vivir de acuerdo con las leyes romanas; a mayor abundamiento, se declararon dispuestos a hacerse cristianos si se les enviaban misioneros conocedores de su lengua.

3. El emperador Valente permitió a los visigodos instalarse en la Tracia y la Moesia; y como era arriano, envió para cristianizarlos misioneros de su secta. La comunidad gótico-arriana dirigida por el obispo Ulfilas desempeñó entonces un papel determinante. Ulfilas compuso el alfabeto gótico y tradujo la Biblia a esta lengua, convertida gracias a él en lengua escrita. Provistos de este valioso instrumento de catequesis, los misio-

neros de la escuela de Ulfilas difundieron su doctrina entre el pueblo visigodo, que antes de finalizar el siglo IV estaba ya totalmente arrianizado. Eran, justamente, los mismos años en que el Arrianismo se desvanecía como problema teológico vivo en el ámbito de la Iglesia universal. Esta paradójica coincidencia tuvo la virtualidad de favorecer el arraigo del Arrianismo entre los germanos. Pasó a ser su religión nacional, un factor más de diferenciación entre las minorías germánicas invasoras, políticamente dominantes, y las poblaciones mayoritarias, románicas y católicas. El Arrianismo se hizo así religión de casi todos los pueblos germánicos instalados en tierras del Imperio occidental. Algunos de ellos —vándalos y ostrogodos— siguieron arrianos hasta su extinción en el siglo VI. Otros tuvieron tiempo suficiente para completar su itinerario religioso con una segunda conversión al catolicismo: así los suevos de Galicia y los burgundios, en aquel mismo siglo VI, y los visigodos en tiempo de Recaredo (589). Las supervivencias arrianas en la Italia longobarda persistieron hasta muy avanzado el siglo VII.

4. En este contexto histórico es fácil advertir la importancia que revistió la conversión de los francos. A una hora en que todos los reinos germánicos de Occidente profesaban el Arrianismo, un pueblo joven y vigoroso rompió ese esquema religioso-político: el pueblo franco. Los francos eran paganos en la segunda mitad del siglo V, cuando se extendieron por el norte de las Galias, que tras sus victorias sobre burgundios y visigodos iban a ser definitivamente el Reino de los francos, Francia. Pero su opción religiosa no fue el Arrianismo germánico sino la Iglesia católica. En la Navidad de un año en torno al 500, el rey franco Clodoveo recibió el bautismo católico. El acontecimiento tuvo inmensa resonancia entre la población de las antiguas provincias romanas: *fides vestra, nostra victoria est* —vuestra fe es nuestra victoria—, escribía exultante, a Clodoveo, Avito de Vienne, obispo prestigioso y miembro de una de las

principales familias de la aristocracia senatorial de las Galias. Y Avito formulaba una certera observación, preñada de consecuencias trascendentales para el futuro: en adelante no habría como hasta entonces un solo monarca católico en el mundo, el emperador oriental; Occidente tendría también el suyo, y ese monarca era el rey de los francos.

5. Las invasiones bárbaras provocaron en ciertas regiones un claro retroceso del Cristianismo. Tal fue el caso de la antigua Britania romana, dominada en el siglo V por los anglosajones paganos, cuya conversión se emprendió mucho más tarde por iniciativa del papa Gregorio Magno. Entre tanto, en aquel mismo siglo V, se produjo la evangelización de Irlanda, que dio un impulso decisivo a la vida de las Cristiandades célticas. En el continente europeo, la acción misional de la Iglesia se dirigió hasta el siglo VI a los pueblos «invasores», ocupantes de tierras romanas. Fue a partir de entonces cuando esa acción evangelizadora desbordó las antiguas fronteras del Imperio occidental, para alcanzar a territorios que jamás habían sido romanos y a los pueblos que los habitaban. Los iniciadores de esta expansión en el siglo VII fueron misioneros celtas procedentes de Irlanda y Escocia, cuya figura más descollante fue San Columbano. En el siglo VIII, los misioneros anglosajones tomaron el relevo de los celtas y extendieron la evangelización por la Germania todavía pagana. El monje inglés Winifrid —que mudó su nombre por el de Bonifacio— fue el gran apóstol de Alemania, que lo sigue teniendo como su Patrono.

6. La expansión cristiana prosiguió en los siglos siguientes y alcanzó a nuevos pueblos asentados en el centro y oriente de Europa. De ordinario —como fue el caso de Clodoveo y los francos—, la conversión de un pueblo se hace coincidir con el bautismo del príncipe, que tuvo sin duda un alto valor ejemplar. Así, la conversión de los magiares se identifica con la de su rey San Esteban, la de los bohemios con la de San Wenceslao y la de los polacos con el bautismo de su duque nacional Mieszko. Sin embargo, la cristianización propiamente dicha de tales pueblos fue empresa larga, favorecida por la conversión del príncipe, pero que pudo prolongarse durante siglos. Tanto la Iglesia latina como la bizantina se esforzaron por evangelizar a los pueblos eslavos y a veces chocaron entre sí, como en el caso de los búlgaros; pero hubo también figuras admirables, como los santos hermanos Cirilo y Metodio, misioneros bizantinos, cuya acción apostólica fue confirmada de modo solemne por la autoridad papal. En conjunto puede afirmarse que los eslavos occidentales se adhirieron a la Iglesia latina, mientras los orientales, evangelizados por misioneros bizantinos, quedaron en el ámbito del Patriarcado de Constantinopla. La principal conquista cristiana de la Iglesia griega fue la de Rusia, y el bautismo del gran duque Wladimiro (972-1015) puede considerarse como el momento de la conversión de su pueblo.

7. La cristianización de Escandinavia y los Países bálticos constituye el último capítulo de la conversión de Europa. El movimiento wikingo frustró los primeros intentos misioneros, promovidos en el siglo IX por el emperador franco Ludovico Pío. Los navegantes wikingos o normandos asolaron las costas occidentales. Su paganismo, por otra parte, no era un fenómeno residual, como en otros pueblos, sino vigoroso, y reaccionaba con virulencia anticristiana, que hacía del martillo de Thor el «contrasigno» de la cruz. Los wikingos que se asentaron en las Islas Británicas o la Normandía francesa fueron los primeros en cristianizarse, y de entre ellos surgió un clero autóctono, que resultó el más adecuado para iniciar la evangelización de su país de origen. Con todo, importantes residuos paganos perduraron en Suecia hasta el siglo XII, y en la Prusia oriental y los Países bálticos quizá hasta el XIV.

8. El mundo mediterráneo sufrió en el siglo VII otro impacto de signo religioso muy distinto: la invasión islámica. El

Islamismo, fundado por Mahoma (570-632), se extendió tras su muerte con portentosa rapidez. Los musulmanes se apoderaron de buena parte del Oriente cristiano, dominaron el norte de África desde Suez al Atlántico, y en el año 711 cruzaron el estrecho de Gibraltar y, tras una fulgurante campaña, conquistaron la España visigoda. Poitiers, donde los islamitas fueron vencidos por Carlos Martel, marca el momento de su más profunda penetración en el Occidente europeo. Mas, aun cuando la Europa transpirenaica lograra salvarse, la presencia musulmana en la Península Ibérica se prolongó cerca de ocho siglos, y tanto el Oriente Próximo como el África del norte forman parte todavía del mundo islámico. La expansión del Islam se realizó en buena medida por tierras cristianas. Los musulmanes no obligaron a los cristianos a convertirse porque, al igual que a los judíos, los consideraban gentes «del Libro», es decir, la Biblia, libro sagrado común de las tres religiones; pero la tolerancia que se les otorgaba, a cambio de un tributo, era cautelosa y cicatera: tal fue el caso de los «mozárabes» españoles. Las Iglesias soportaron con suerte desigual la prueba de la dominación islámica, que se hacía más gravosa a medida que disminuían las esperanzas de restauración cristiana y crecía el conformismo. Las Iglesias de Oriente —y en especial la copta o monofisita de Egipto, muy arraigada entre la población indígena— han logrado sobrevivir hasta nuestros días. La suerte más triste fue la sufrida por la Cristiandad del África latina —la de San Cipriano y San Agustín—, que terminó por extinguirse tras siglos de dolorosa agonía.

Capítulo II

EL CRISTIANISMO EN LA EUROPA FEUDAL

El Cristianismo sufrió la impronta feudal, en los tiempos oscuros de la génesis de la Edad Media. Las iglesias y sus titulares se vieron implicados en la tupida red de relaciones vasallático-beneficiales que articularon aquella sociedad. Las injerencias de los señores laicos en la vida eclesiástica produjeron una penosa decadencia moral, que en Roma dio lugar al llamado «Siglo de Hierro» del Pontificado.

1. El siglo VIII presenció un profundo giro en la historia de la Cristiandad occidental; la razón principal estuvo en las nuevas relaciones establecidas entre la Santa Sede y el Reino de los francos. El Imperio oriental, que conservaba importantes dominios en Italia, había sido durante varios siglos el brazo secular protector del Pontificado romano y de sus dominios territoriales —el llamado «Patrimonio de San Pedro»—, siempre amenazados por sus inquietos vecinos, los longobardos. La protección bizantina se hizo menos eficaz a medida que el Imperio, progresivamente «orientalizado» y agobiado por la presión permanente del Islam, se desentendía cada vez más de Occidente. El Papado, necesitado de hallar un nuevo «brazo secular», volvió los ojos hacia el único Reino occidental que, tras el hundimiento de la España visigoda, estaba en condiciones de asumir aquella misión: el Reino franco, aquel cuyo príncipe contemplara Avito de Vienne, cuando el bautismo de Clodoveo, como el monarca católico de Occidente.

2. La coyuntura en el Reino franco era propicia. Pipino el Breve, el poderoso mayordomo de palacio, planteó en 750 al papa Zacarías una consulta de índole doctrinal, pero grávida en consecuencias políticas: ¿quién era más digno de llamarse rey, el que lo era sólo de nombre —el último merovingio— o aquel que detentaba el efectivo poder, esto es, el propio Pipino? La respuesta papal sancionó el final del Reino merovingio y el nacimiento de la Francia carolingia. En 753, el papa Esteban II confirió la unción regia a Pipino y a sus dos hijos, Carlomán y Carlos. Éstos recibieron el título de «Patricio de los romanos», que les confería el derecho de intervenir en la administración de la Urbe y tutelar los Estados de la Iglesia, solar del poder temporal de los papas.

3. El proceso así iniciado culminó durante el reinado del hijo de Pipino, Carlomagno, uno de los grandes forjadores de la Cristiandad medieval. La propagación de la fe y de la civilización cristiana, con la mira puesta en la instauración de la sociedad cristiana, fue el objetivo fundamental de la política de Carlomagno. En la Navidad del año 800, Carlos fue coronado emperador en San Pedro de Roma por el papa León III. La coronación de Carlomagno encerraba extraordinaria significación: tras un eclipse de más de trescientos años, renacía el Imperio occidental, frente al griego del *basileus* de Constantinopla. El nuevo Imperio, cuya capitalidad estaba en Aquisgrán, era latinogermánico, pero sobre todo cristiano, con una misión de protección de la Iglesia y la Sede romana, principal incumbencia del oficio de emperador.

4. El Imperio de Carlomagno adolecía de fragilidad congénita, a causa, justamente, de haber sido ideado a la medida de la personalidad excepcional de su fundador. Por esa razón, a poco de morir Carlomagno se inició la decadencia carolingia, con los «repartos» territoriales, el decaimiento de la autoridad suprema y la crisis de la sociedad: la disgregación feudal sucedió al orden imperial y la Iglesia pagó también las consecuencias. Al desvanecerse la autoridad soberana, se multiplicaron

los peligros de anarquía y las amenazas de normandos, sarracenos y magiares. Las gentes, incapaces de defenderse por sí mismas, buscaron protección en la única fuerza que podía prestarla, la casta nobiliaria militar, detentadora en exclusiva del poder efectivo y real. Una red de relaciones vasallático-beneficiales de patrocinio y de servicio, que ligaban al hombre con el hombre, articularon la sociedad feudal.

5. El exponente más representativo del impacto producido por la crisis feudal en la Iglesia y en la sociedad cristiana fue el llamado «Siglo de Hierro» del Pontificado. Desde comienzos del siglo X hasta mediados del XI, se prolongó este período con una transitoria mejoría en la segunda mitad de la décima centuria. El oscurecimiento de la autoridad imperial dejó a la Sede Apostólica sin su protección e hizo que viniera a caer en manos de los inmediatos poderes señoriales: las facciones feudales dominantes en Roma. Clanes nobiliarios emparentados entre sí —la familia de Teofilacto, los Crescencios, los Tusculanos— sometieron a una tiránica opresión la Sede papal, pretendiendo ejercer sobre ella abusos semejantes a los que cometían los señores feudales en sus «iglesias propias». El «patricio» Teofilacto, las «senadoras» Teodora y Marozia, el «príncipe de los romanos» Alberico, dispusieron a su antojo del Pontificado, que fue ocupado incluso por adolescentes e individuos de nivel personal lamentable. Puede considerarse un claro indicio de la asistencia divina a la Iglesia que el Pontificado sobreviviera a esta prueba y que ni en sus peores momentos se desviara lo más mínimo en la doctrina de la fe y la moral.

6. Pero no todo eran desórdenes y tinieblas en estos tiempos arduos de génesis del feudalismo, conocidos también con el apelativo de *Saeculum obscurum*. Por entonces, precisamente, germinaban varios procesos históricos que terminarían por confluir en los esplendores religiosos y culturales de la Cristiandad medieval. Uno de los factores de regeneración cris-

tiana fue la erección de un monasterio destinado a ejercer grandísima influencia sobre la vida espiritual y social de Occidente: Cluny. La restauración monástica de la época carolingia, dirigida por el visigodo Benito de Aniano, había naufragado entre las violencias del desorden feudal, cuando la secularización de los monasterios hizo imposible la existencia en ellos de una auténtica vida religiosa. Cluny fue fundado en 909 por el duque Guillermo de Aquitania, en directa dependencia del Romano Pontífice y «exento» de toda autoridad inferior, eclesiástica o laical. El éxito de Cluny fue inmenso y otros muchos monasterios se sometieron a la gran abadía o nacieron como filiales de ésta. La llamada «Orden de Cluny» se extendió por todo el Occidente y llegó a contar con 1.200 monasterios y un ejército de monjes, tantos que se ha hablado de la Orden como de un «Imperio monástico». Los cluniacenses —los «monjes negros»— fueron un factor esencial del movimiento de renovación cristiana iniciado hacia la mitad del siglo XI.

7. Otro proceso destinado a ejercer profunda influencia en la historia de la Cristiandad europea se había iniciado en Alemania, también a principios del siglo X. Extinguidas las secuelas del pasado carolingio, los duques nacionales germánicos, en 919, restauraron la realeza, eligiendo por rey a Enrique I, duque de Sajonia; su hijo fue Otón I (936-973), un gran monarca que, al igual que Carlomagno siglo y medio antes, ha de ser considerado como otro de los grandes constructores de la Europa cristiana. Otón I llevó a cabo victoriosas campañas militares contra eslavos y magiares, que le rindieron vasallaje, y fortaleció su autoridad en el interior del reino. Como remate de su obra política, Otón fue coronado emperador en Roma, en febrero de 962: el Imperio germánico venía así a suceder al carolingio como Imperio cristiano occidental. Otón I asumió la misión de proteger los Estados Pontificios y el control de las elecciones papales, que de este modo quedaban a salvo de las

intromisiones de los señores romanos. Esta situación se prolongó bajo los reinados de Otón II y Otón III (984-1002); y aunque la prematura muerte de este último fue aprovechada por las facciones romanas para renovar sus injerencias, los derechos imperiales sirvieron de título, cuarenta años más tarde, al enérgico Enrique III para una nueva intervención que puso definitivo término al dominio feudal de la Sede Pontificia.

Capítulo III

EL CISMA DE ORIENTE

La división del Imperio romano puso al descubierto el dualismo siempre latente entre Occidente y Oriente, el mundo latino y el griego, Roma y Constantinopla. Este dualismo se reflejó también en el terreno religioso y eclesiástico, donde las tensiones provocaron un creciente alejamiento y terminaron por provocar el enfrentamiento y el Cisma.

1. En el siglo VII, como consecuencia de la expansión musulmana, tres de los cuatro Patriarcados orientales cayeron en poder del Islam: Alejandría, Antioquía y Jerusalén. La pérdida de Egipto y Siria significó un mayor alejamiento de las confesiones nestorianas y monofisitas del marco de la Iglesia universal. Esas comunidades, emplazadas en territorios que formaban parte del mundo islámico, llevaron en adelante una existencia autóctona, virtualmente aislada del resto de la Cristiandad. Por eso, el Oriente cristiano se identificó desde entonces con la Iglesia griega o bizantina, es decir, el Patriarcado de Constantinopla y las iglesias nacidas como fruto de su acción misionera, que le reconocían una primacía de jurisdicción o al menos de honor. Estas cristiandades que giraban en la órbita de Constantinopla integraban la Iglesia greco-oriental, cuyas relaciones con Roma hasta el cisma de Cerulario procede exponer aquí.

2. El Cristianismo sufrió también la impronta de la contraposición entre Oriente y Occidente, cultura griega y latina. Como telón de fondo de estas divergencias se adivina el acu-

sado contraste entre el pragmático temperamento latino y la tendencia especulativa del espíritu oriental. Otro factor perturbador vino a incidir sobre esta dialéctica: la creciente incomunicación, derivada de la incomprensión lingüística. El griego había sido durante los tres primeros siglos de Cristianismo la lengua de la Iglesia; pero desde finales del siglo III —y comenzando por el África cartaginesa— el latín se introdujo en la literatura y el culto litúrgico, y en el siglo IV la Liturgia occidental había pasado a ser totalmente latina. La falta de una lengua común no sólo alejó espiritualmente el Oriente y el Occidente cristianos, sino que suscitó entre uno y otro suspicacias y recelos, en una época crítica de herejías y controversias teológicas. Las diferencias disciplinares y de ritos, bien visibles a los ojos del pueblo, contribuyeron todavía más a acentuar el dualismo y la desconfianza recíproca.

3. Pero el principal factor de tensión —y de discordia— entre el Oriente y el Occidente cristianos lo constituyó el encumbramiento del Patriarcado de Constantinopla. A esta sede, el célebre canon 28 del Concilio de Calcedonia —no aceptado por el papa León Magno— le otorgó autoridad y jurisdicción sobre todos los territorios del Imperio bizantino no dependientes de los otros tres Patriarcados orientales; y la razón aducida fue que Constantinopla era la «nueva Roma», capital del Imperio y residencia del emperador. De este modo, Constantinopla se convirtió en el principal Patriarcado del Oriente cristiano, émulo del Pontificado romano, estrechamente vinculado al Imperio de Bizancio, mientras Roma se alejaba cada vez más de éste y buscaba su protección en los emperadores francos o germánicos. En este contexto de creciente frialdad entre las dos Iglesias, las fricciones y enfrentamientos jalonaron un largo proceso de debilitamiento de la comunión eclesiástica.

4. Las relaciones entre Roma y Constantinopla experimentaron ya una primera ruptura en el siglo V: el cisma de Acacio,

que estuvo motivado por las proclividades monofisitas de este patriarca (482) y que se prolongó durante treinta años. Más prolongadas fueron las repercusiones del problema de la iconoclastia. Como es sabido, León III Isáurico —un gran emperador que salvó a Bizancio de la amenaza árabe— dio origen a una grave crisis religiosa, que alteró durante más de un siglo la vida del Oriente cristiano: en 726 prohibió la veneración de las imágenes sagradas y poco después ordenó su destrucción. La Cristiandad bizantina quedó escindida en dos bandos irreconciliables: iconolatras e iconoclastas, veneradores y destructores de imágenes. León III pretendió que el Papa sancionase sus edictos iconoclastas, y ante la rotunda negativa tomó represalias contra la Iglesia romana. En todo caso, las luchas de las imágenes no resultaron desfavorables para las relaciones entre los cristianos orientales y Roma: los defensores de las imágenes —entre los que se contaban los monjes y la gran masa del pueblo— dirigieron sus miradas hacia el Papado en busca de apoyo, y sus más ilustres representantes —San Teodoro Studita o el patriarca Nicéforo— y el propio Concilio II de Nicea (787) —séptimo de los ecuménicos— reconocieron el papel primordial del papa como maestro en la fe de toda la Iglesia. Mucho menos favorable al entendimiento entre Roma y Constantinopla había de resultar la cuestión de los búlgaros.

5. El problema de los búlgaros se encuadra en el curso del largo contencioso por la sede de Constantinopla que enfrentó a los patriarcas Ignacio y Focio. El príncipe de los búlgaros, Boris, se convirtió al Cristianismo en el año 864 y solicitó el envío de misioneros para trabajar en la conversión de su pueblo. Boris se dirigió primero a Constantinopla, pero luego mudó de opinión y ofreció al papa Nicolás I la incorporación de su pueblo a la Iglesia latina, bajo la jurisdicción de la Sede romana. Un ulterior malentendido con Roma hizo que el veleidoso Boris despidiera a los misioneros latinos y retornara

otra vez —y ésta de modo definitivo— a la unión con el Patriarcado de Constantinopla, cuya suerte seguiría Bulgaria cuando llegó la hora del cisma. Las incidencias a que dio lugar esta disputa contribuyeron lógicamente a endurecer las relaciones entre Roma y Constantinopla.

6. Al margen del problema de los búlgaros, el enfrentamiento entre los patriarcas Ignacio y Focio incidió negativamente en aquellas relaciones. Ignacio y Focio se sucedieron dos veces al frente del Patriarcado, al compás de las bruscas alternativas de la política oriental. La actitud del papa Nicolás I, favorable a los legítimos derechos de Ignacio, provocó una violenta reacción de Focio, verdadera declaración de guerra a la Iglesia latina. La figura de Focio ha sido estudiada modernamente por historiadores católicos, que reivindican su ortodoxia. Mas, aun admitiendo que las relaciones de la Iglesia bizantina con el Pontificado no se rompieron formalmente durante el segundo período patriarcal de Focio, resulta imposible exonerar a éste de una grave responsabilidad en el distanciamiento del Oriente cristiano con respecto a Roma. Focio, a sabiendas de que abría así un abismo entre griegos y latinos, convirtió en arma arrojadiza la cuestión del *Filioque,* condenó su inclusión en el Credo por la Cristiandad occidental y lanzó sobre ella la acusación de herejía. De este modo, las diferencias entre griegos y latinos no serían, en adelante, solamente disciplinares y litúrgicas, sino también dogmáticas, con lo que la unidad de la Iglesia quedaba irremediablemente comprometida. Puede afirmarse, en suma, que Focio, un sabio eminente que personificó el genuino espíritu eclesiástico de Constantinopla, contribuyó como nadie a preparar los ánimos para el futuro Cisma oriental.

7. El Cisma llegó, sin excesivo dramatismo, en los comienzos de la época gregoriana. Los violentos sentimientos antilatinos del patriarca de Constantinopla Miguel Cerulario y la incomprensión de la mentalidad bizantina por parte de los

legados papales —Humberto de Silva Candida y Federico de Lorena—, enviados para negociar una paz eclesiástica, fueron los factores inmediatos de la ruptura. Humberto depositó una bula de excomunión, el 16 de julio de 1054, sobre el altar de la catedral de Santa Sofía; Cerulario y su sínodo patriarcal respondieron el 24 del mismo mes excomulgando a los legados y a quienes los habían enviado. El Cisma quedaba así totalmente abierto, aunque cabe pensar que muchos contemporáneos —y quizá los propios protagonistas del episodio— pudieron creer que se trataba de un incidente más de los muchos registrados hasta entonces en las difíciles relaciones entre Roma y Constantinopla. Lo que parece indudable es que, para la masa del pueblo cristiano griego y latino, el comienzo del Cisma de Oriente pasó del todo inadvertido.

8. El correr del tiempo descubrió a los cristianos la existencia de un auténtico cisma, que había interrumpido la comunión eclesiástica de la Iglesia griega con el Pontificado romano y la Iglesia latina. La vuelta a la unión constituyó desde entonces un objetivo permanente de la Cristiandad. La promovieron Pontífices, la desearon en Constantinopla emperadores y hombres de Iglesia, se celebraron concilios unionistas y hubo momentos —el Concilio II de Lyon (1274) y el de Florencia (1439)— en que pareció que la tan anhelada unión estaba ya lograda. No era realmente así, pero tan sólo la caída de Constantinopla en poder de los turcos y la desaparición del Imperio bizantino (1543) pusieron fin a los deseos —y a las esperanzas— de poner término al Cisma de Oriente y reconstruir la unidad cristiana.

Capítulo IV

LAS RELACIONES ENTRE PONTIFICADO E IMPERIO

Pontificado e Imperio fueron las dos columnas sobre las que se asentó la Cristiandad medieval. El Papa representaba la potestad espiritual, y el emperador, el poder temporal. El ideal —pocas veces plenamente logrado— fue el entendimiento y la armónica colaboración entre las dos potestades.

1. En la Europa medieval, se entendía por Cristiandad el conjunto de pueblos unidos por el vínculo de la fe, que formaban una amplia comunidad espiritual y cultural, por encima de las particularidades y divisiones en naciones y reinos. La teoría política de la época consideraba a la Cristiandad como un organismo vivo, a cuya cabeza estaban dos supremas autoridades, el Papa, titular del poder espiritual, y el Emperador, que detentaba el poder temporal. Misión de una y otra autoridad era asumir la dirección superior de los pueblos cristianos y auxiliar a los hombres —cada una en su propio orden— a conseguir su último fin.

2. Un sentido profundo de unidad existió entre los pueblos integrantes de la Cristiandad hasta que llegó la Baja Edad Media, la época de los estados y las soberanías nacionales. La Cristiandad no llegó, sin embargo, a constituir una verdadera institución supranacional, y los reyes de Francia o Inglaterra nunca se consideraron subordinados al emperador, por el hecho de formar parte de la Cristiandad occidental. También en la España de la Reconquista el título de emperador llevado por Alfonso VI y Alfonso VII fue la clara afirmación de una independencia, que no reconocía poder superior sobre la tierra. Pero incluso en la entraña del propio sistema de la Cristiandad, las relaciones entre las dos potestades supremas fueron difíciles y en ocasiones abiertamente conflictivas.

3. En el plano teórico, la relación existente entre las dos supremas potestades de la Cristiandad resulta fácil de comprender: el rey alemán, designado por los príncipes electores, era coronado emperador por el Papa; el Emperador, a su vez, controlaba el buen orden de la elección pontificia. Y el Papa y el Emperador, cada uno en su respectivo ámbito, ejercían la suprema autoridad que les correspondía. La discordia provino de que el poder espiritual y el temporal, al hilo de las circunstancias históricas, pretendieron cada uno para sí la primacía efectiva en la Cristiandad. El «Siglo de Hierro» —tal como se dijo— sumió al Pontificado en un estado lamentable de postración, del que fue sacado merced a la intervención imperial. El enérgico Enrique III desempeñó un papel preeminente en la Cristiandad cuando puso término a aquella situación por un procedimiento ciertamente insólito: en su calidad de «patricio de los romanos» se arrogó la facultad de nombrar al Papa. La elección canónica del designado y su aclamación popular fueron entonces simples solemnidades para respetar las formas y cumplir con la tradición. Así fue nombrado Papa, en 1046, Suidgero de Bamberg —Clemente II— y, del mismo modo, sus inmediatos sucesores. Enrique escogió siempre para el Pontificado a obispos alemanes; pero sus designaciones fueron acertadas y estos papas germánicos devolvieron dignidad y prestigio al Pontificado y prepararon la reforma gregoriana.

4. El Pontificado así restaurado no podía dar por buena esta primacía imperial en la Cristiandad, ni aceptar como definitiva aquella situación de dependencia del emperador. Los papas alemanes y los eclesiásticos romanos que propugnaban la

renovación de la Iglesia —con San Pedro Damián y el monje Hildebrando a la cabeza— formaron el partido reformador, cuyo lema fue la «libertad de la Iglesia». La prematura muerte de Enrique III (1056) hizo posible la conquista de la libertad para la Cabeza del cuerpo eclesial —el Papado— y la elección pontificia pudo emanciparse de la tutela imperial. Mas era preciso extender esta liberación así comenzada a todo el cuerpo de la Iglesia, y ése fue el programa de los papas gregorianos, y en especial del reformador Hildebrando, convertido en el papa Gregorio VII.

5. Tres eran —a juicio de los reformadores gregorianos— los males que sufría el clero: el «nicolaísmo» —inobservancia de la ley del celibato—, la simonía —compra y venta de ministerios espirituales— y la investidura laica. Consistía ésta en la provisión de los oficios eclesiásticos por personajes laicos, titulares del poder secular: emperadores, reyes y señores, propietarios o patronos de iglesias. Este abuso constituía, según los promotores de la reforma, la causa y raíz de los otros males; por eso estimaban necesario poner fin a la investidura y a la consiguiente colación por los laicos de oficios y funciones espirituales. Tal fue el origen de la célebre «cuestión de las investiduras», que enfrentó al Pontificado y el Imperio y, en particular, al papa Gregorio VII y el emperador Enrique IV.

6. El problema de las investiduras era uno de los puntos capitales de la lucha gregoriana por la libertad de la Iglesia; pero su arreglo no pasaba de ser el preámbulo de un empeño más amplio que constituía el gran ideal de Gregorio VII: implantar en el mundo la «justicia cristiana», para la plena realización del Reino de Dios en la tierra. En la mente del Papa correspondía al Pontificado la dirección de esta empresa, en virtud del básico axioma gregoriano de que la supremacía en el mundo pertenecía al Papado, titular del poder espiritual en la Cristiandad, y que esa supremacía —la «plenitud de potes-

tad»— se extendía ampliamente a la esfera de lo temporal. Las tesis de la doctrina gregoriana se expresaron de modo lapidario en las 27 proposiciones de Gregorio VII que componen los llamados *Dictatus Papae*. La creencia, entonces generalizada, en la autenticidad de la «Donación de Constantino», que habría transferido al Papa la soberanía temporal sobre Occidente, reforzaba la pretensión gregoriana de supremacía papal.

7. Pontificado e Imperio eran las dos instituciones supremas, en el sistema político-doctrinal de la Cristiandad. La buena armonía entre ellas, indispensable para el cumplimiento de su misión común, ya dijimos que pocas veces se consiguió; más frecuentes fueron las disputas motivadas por sus respectivas pretensiones de superioridad. Los gruesos tomos de *Libelli de Lite,* en los *Monumenta Germaniae Historica,* dan idea de la abundante literatura de uno y otro signo que originaron estas polémicas. Pero hay que tener presente, además, que las relaciones entre papas y emperadores se dieron de ordinario en un ámbito histórico más próximo y reducido que la Cristiandad: su escenario habitual fue el Imperio, es decir, el conglomerado territorial germano-italiano que comprendía los países alemanes y buena parte de la Península Itálica. En suelo de esta península se hallaban también emplazados los Estados de la Iglesia, garantía de la libertad de la Sede Apostólica y fuente principal de sus recursos. Papas y emperadores tuvieron ante sí, de resultas de un tal estado de cosas, no sólo problemas doctrinales de primacía sino también la tarea de tener que convivir políticamente en un mismo espacio geográfico. Estos problemas específicamente italiano agriaron las relaciones entre Pontificado e Imperio y contribuyeron a la desintegración de la Cristiandad. En el siglo XII, las luchas entre el papa Alejandro III y el emperador Federico Barbarroja tuvieron un marcado signo de confrontación ítalo-alemana, y las grandes ciudades del norte de Italia, que formaban la Liga Lombarda, fueron las

aliadas del Pontífice. En el siglo XIII, la reunión de la baja Italia —Nápoles y Sicilia— con el Imperio produjo gravísima ansiedad al Pontificado, que se sintió cercado por los emperadores Hohenstaufen, cuyos dominios rodeaban por el norte y el sur los Estados de la Iglesia. El resultado fue el duro enfrentamiento entre los papas y Federico II, que tuvo trágicas consecuencias para el Imperio, pero también para el Pontificado. Este conflicto influyó decisivamente en la ruina del sistema de la Cristiandad medieval.

Capítulo V

EL APOGEO DE LA CRISTIANDAD

La reforma gregoriana preparó los tiempos de esplendor de la
Cristiandad: los siglos XII y XIII, cuyo centro ocupa el Pontificado
de Inocencio III. La vitalidad de la Europa cristiana fue desbor-
dante: se reunieron concilios ecuménicos, nacieron las universida-
des, se fundaron grandes órdenes religiosas y las Cruzadas fueron
empresa común de reyes y príncipes cristianos.

1. Los siglos XII y XIII constituyen la época clásica de la Cristiandad medieval. Presidiendo el tránsito entre una y otra centuria, se alza la figura que mejor simboliza la hora de plenitud
en aquel período histórico: Inocencio III (1198-1216). La supremacía de la potestad espiritual, preconizada por la doctrina
gregoriana, se hizo realidad en tiempo de este pontífice, con el
rendido asentimiento de reyes y pueblos. Inocencio III ejerció
su autoridad con firmeza y no dudó en recurrir —con éxito— a
las armas espirituales, cuando los príncipes se apartaban de la
senda de la justicia: lanzó el entredicho sobre Francia, para obligar al rey Felipe Augusto a ser fiel a su matrimonio; logró la su-
misión de Juan Sin Tierra, de Inglaterra; y este reino, como Aragón o Portugal, se declaró vasallo de la Santa Sede; en Alemania,
Inocencio fue árbitro de la contienda entre dos candidatos a la
corona; en Nápoles y Sicilia ejerció la tutela del futuro Federico
II. La autoridad de Inocencio III se ejercía sobre toda la Cristiandad y obtenía por doquier acatamiento y obediencia.

2. Si hubiera que señalar un rasgo capaz de caracterizar por
sí solo los tiempos clásicos de la Cristiandad medieval, ese

rasgo sería, sin duda alguna, su increíble vitalidad. Parece como si un viento impetuoso hubiera soplado en la Iglesia y en la sociedad cristiana, renovando sus virtualidades espirituales y humanas e infundiéndoles un admirable espíritu de creatividad. Podría pensarse que poderosas energías, remansadas durante siglos, rompieron súbitamente las compuertas y una prodigiosa primavera fecundó el mundo occidental. Vale la pena recordar algunos de los hechos más representativos de esta explosión de vida, porque ellos expresan, mejor que cualquier afirmación hiperbólica, lo que fueron aquellos siglos cumbres de la Cristiandad.

3. La época de la Cristiandad europea fue un tiempo conciliar. Ninguno de los concilios ecuménicos correspondientes al primer milenio de nuestra Era se había reunido en Occidente. Seis concilios universales se celebraron, en cambio, en el ámbito temporal de la Cristiandad occidental: cuatro sínodos lateranenses —romanos—, dos lugdunenses y todavía un séptimo concilio —el de Vienne (1311-1312)—, aunque corresponde ya al siglo XIV, debe incluirse en el mismo ciclo conciliar. Estos concilios ecuménicos de la Cristiandad, a diferencia de los precedentes, fueron todos convocados y presididos por el Papa y, más que de cuestiones teológicas, se ocuparon de asuntos disciplinares relativos a la vida del clero y el pueblo fiel. El Concilio IV de Letrán, reunido por Inocencio III en 1215, al que asistieron más de 400 obispos y un número superior de abades y capitulares, junto con los representantes de los príncipes cristianos, fue la gran asamblea de la Cristiandad medieval, en la hora en que ésta alcanzaba su cénit.

4. Un signo de vitalidad espiritual de este período histórico fue el espléndido florecimiento alcanzado por la vida religiosa. Los monjes de Cluny habían sido un germen de renovación eclesiástica en el siglo X, y luego —en el siglo XI— la gran fuerza monástica con que contó el Pontificado de la reforma

gregoriana. En este mismo siglo XI, San Bruno fundó la Cartuja (1084), concebida como una síntesis de la vida solitaria y la cenobítica. Pero la gran creación del siglo XII fue el Císter, nueva rama del tronco benedictino nacida con una aspiración de retorno a la primitiva simplicidad. Junto a Cluny, que conservaba todo su esplendor, con sus iglesias románicas y el majestuoso culto divino, los monjes blancos del Císter cultivaban la tierra y levantaban abadías de un gótico primitivo, que refleja la sencillez de su espíritu. El Císter recibió un formidable impulso con la profesión monástica de un joven aristócrata de Borgoña, Bernardo, que pronto fue designado abad de Claraval. San Bernardo fue probablemente el personaje europeo más importante del siglo XII, y ejerció una influencia inmensa en la vida de la Iglesia y de la Cristiandad. La orden del Císter, que tenía apenas una docena de abadías cuando Bernardo ingresó, contaba a su muerte con 343 monasterios, y la comunidad del de Claraval estaba formada por cerca de 700 monjes.

5. Si los siglos XI y XII fueron los tiempos monásticos, el XIII fue el siglo de los frailes. Resulta significativo que a la hora misma en que la Cristiandad parecía alcanzar su plenitud, cuando el Pontificado lograba sus niveles más altos de potencia temporal y un renovado afán de lucro impulsaba a la nueva burguesía, precisamente entonces, surgieran hombres como Francisco y Domingo que reivindicaron para la pobreza evangélica el papel de virtud fundamental de la vida religiosa. Los mendicantes no trabajaban ya la tierra como los cistercienses, sino que renunciaban a la propiedad de toda suerte de bienes y deseaban vivir de la caridad de los fieles. Los mendicantes ya no eran monjes, sino frailes, y su aparición se produjo cuando se afirmaba en Occidente un nuevo clima social y económico. Es sintomático que el fundador del Císter, Bernardo, fuese un noble borgoñón, mientras un siglo después Francisco era el hijo de un comerciante de tejidos de la ciudad de Asís. Los

mendicantes no fundaron monasterios en la soledad de los campos, sino conventos en el corazón de las ciudades, y se consagraron con preferencia al ministerio pastoral en los populosos centros de la renacida vida urbana. San Francisco († 1226) fundó la orden de los «Frailes menores», que fue aprobada por Inocencio II en 1209; la otra gran orden mendicante, la de los «Predicadores», fundada por Santo Domingo de Guzmán y aprobada por Honorio III (1216), tuvo como vocación originaria la defensa de la fe y concedió especial importancia a los estudios teológicos. La Cristiandad alentó todavía la aparición de nuevas órdenes mendicantes, como la del Carmen, los ermitaños de San Agustín o las dedicadas especialmente a la redención de cristianos cautivos en poder del Islam, como la orden de la Merced.

6. Los siglos de la Cristiandad fueron también la época clásica de las ciencias sagradas: la Teología y el Derecho Canónico. La Teología «Escolástica» —ciencia de la «Escuela»— nació a finales del siglo XI, con el propósito de forjar una cosmovisión fundada en el conocimiento natural y en el sobrenatural transmitido por la Revelación divina; su método propio fue el «escolástico», caracterizado por la disputa dialéctica, que terminaba en una síntesis. Nombres ilustres de la primera Escolástica son los de San Anselmo, Pedro Abelardo y el «Maestro de las Sentencias», Pedro Lombardo. Pero el siglo de oro de la Escolástica fue el siglo XIII, y su obra maestra, la construcción del Aristotelismo cristiano. Esta empresa, preparada por San Alberto Magno (1193-1280), fue llevada a buen término por Santo Tomás de Aquino (1226-1274), la mayor lumbrera de la Teología, junto a San Agustín, cuya obra doctrinal sentó los fundamentos de una concepción católica del mundo y de la vida, que hoy sigue siendo básicamente válida. La obra maestra de Santo Tomás fue la «Suma Teológica», que superó ampliamente a las demás «Sumas» medievales. El papa León XIII, en

la Encíclica *Aeterni Patris* (1879), declaró que Santo Tomás sobresale por encima de todos los demás doctores, cuyas enseñanzas completó y redujo a una armónica unidad; por tal razón, el Pontífice dispuso que la doctrina del Santo Doctor sirviera de base a la enseñanza en los centros de estudios eclesiásticos. Los papas posteriores y el Concilio Vaticano II han reiterado estas directrices. San Buenaventura (1217-1274) y Duns Escoto representan una escuela franciscana contemporánea, de inspiración platónico-agustiniana. En el campo de la ciencia canónica, el maestro Graciano terminó hacia 1140 su «Decreto», que sistematizaba el Derecho tradicional. El nuevo Derecho fue recopilado por San Raimundo de Peñafort, en las «Decretales» de Gregorio IX (1234). Estas colecciones y otras que se formarían después integraron el *Corpus Iuris Canonici,* recopilación de disciplina eclesiástica en uso hasta la promulgación en 1917 del primer Código de Derecho Canónico.

7. La Cristiandad medieval no sólo promovió el desarrollo de las ciencias sagradas, sino que dio vida a la institución destinada específicamente a crear la ciencia y difundir la cultura superior: la universidad. La corporación de maestros y alumnos, convertida en «estudio general», recibió el reconocimiento público de la autoridad eclesiástica y civil. La Universidad de París fue la primera que completó el proceso, y el papa Inocencio III, en 1215, confirmó los privilegios que garantizaban su autonomía. Oxford, Bolonia, Salamanca y otras universidades adquirieron esta condición a lo largo del siglo XIII. La universidad tuvo un marcado carácter supranacional, que reflejaba el espíritu universalista de la Cristiandad; sus maestros fueron de muy diverso origen y también los estudiantes, que llegaban de distintos países y se agrupaban por «naciones», según su procedencia.

8. La empresa más característica de la Cristiandad fue la Cruzada. De ordinario, las Cruzadas no fueron iniciativa de

uno u otro reino, sino tarea común de la Cristiandad, bajo la dirección del Papa, que otorgaba gracias especiales a los combatientes. El espectáculo, tantas veces reiterado durante dos siglos, de príncipes y pueblos que tomaban el camino de Oriente, impulsados —más allá de cualquier otra consideración— por el afán de libertar el Santo Sepulcro, es una prueba impresionante de la profunda seriedad que tuvo la religiosidad medieval. Las Cruzadas se saldaron en definitiva con un fracaso; pero el solo hecho de que unas motivaciones en que prevalecía el idealismo cristiano pudieran dar vida a un fenómeno de tal envergadura, basta ya de por sí para justificar las Cruzadas ante la historia. En la Península Ibérica, los papas concedieron también privilegios de cruzada a los guerreros de la Reconquista; pero esta lucha no puede considerarse una empresa supranacional, aunque en ciertos momentos participasen en ella caballeros llegados de tierras ultrapirenaicas. Es interesante observar de qué modo el final de la Cruzada coincide con el comienzo de la misión en tierras del Islam. Cuando las Cruzadas caminaban hacia su ocaso, se iniciaba —impulsado por San Francisco de Asís y los mendicantes— el movimiento de las misiones cristianas. La lucha armada con los infieles cedía el paso al pacífico anuncio de la doctrina evangélica.

Capítulo VI

LA HEREJÍA MEDIEVAL

En el corazón de la sociedad cristiana occidental no faltó la presencia de la herejía. Movimientos y corrientes religiosas de lejana procedencia oriental prendieron en el Mediodía de Francia; la Inquisición fue creada para combatirlas y defender la unidad de la fe. Otras doctrinas heterodoxas difundidas en la Baja Edad Media pueden considerarse como precursoras del Protestantismo.

1. La unidad de fe fue un rasgo dominante en la vida religiosa de Occidente durante los primeros siglos de la Edad Media. Extinguido el Arrianismo germánico y convertidos otros pueblos de su paganismo ancestral, tan sólo algunas individualidades o grupos minúsculos de herejes constituyeron excepción a la unanimidad cristiano-católica de los pueblos de Europa. Aunque parezca paradójico, hizo falta llegar a la hora de plenitud de la Cristiandad —a partir del siglo XII— para que la herejía, como fenómeno social, hiciera de nuevo su aparición en el horizonte de la historia.

2. Algunos de esos brotes heréticos tuvieron que ver con la gran corriente de exaltación de la pobreza cristiana, que se dejó sentir en la Iglesia durante los siglos XII y XIII. Fruto de este impulso fueron las órdenes mendicantes y la difusión del espíritu franciscano entre personas de todas las clases sociales. Pero el franciscanismo tuvo también expresiones extremas que dieron vida a grupos radicales —«humillados», «fraticelos»—, muy vinculados al partido de los «espirituales» de la orden. Alguno de esos grupos traspasó abiertamente los linderos de la

herejía: tal fue el caso de los «valdenses», que tomaron el nombre de su fundador, el comerciante lionés Pedro Valdo. Los «valdenses» llegaron a una ruptura total con la Iglesia y formaron una secta en el norte de Italia, que más tarde había de integrarse en el movimiento de la Reforma protestante.

3. La gran herejía medieval fue, sin embargo, la de los «cátaros» o «albigenses», nombre éste derivado de Albí, ciudad del Mediodía de Francia, que fue uno de sus principales reductos. El Catarismo era un rebrote tardío de una vieja corriente religiosa, mezcla de elementos gnósticos con otros dualistas, que en el Oriente cristiano había cristalizado en diversas sectas, como los «paulicianos» o los «bogomilas» balcánicos. El Catarismo se organizó a manera de iglesia, con un grupo escogido de «perfectos» o «puros» y una masa de simples adheridos. El éxito del Catarismo entre la población del Languedoc fue grande, y se vio favorecido por la simpatía que le mostraron la aristocracia y el propio conde soberano de Toulouse, Raimundo VI.

4. El Papado trató de oponerse a la herejía albigense por medios religiosos, como misiones en que participaron Santo Domingo de Guzmán, entonces canónico de Osma, y su obispo Diego. El éxito de estas misiones fue escaso y el asesinato del legado pontificio Pedro de Castelnau decidió al papa Inocencio III a convocar una Cruzada contra los albigenses. Fue esta Cruzada una empresa en la que anduvieron mezcladas motivaciones religiosas e intereses temporales: la nobleza del sur luchó en el bando albigense para defender sus tierras de las ambiciones de los barones del norte, capitaneados por Simón de Montfort. La victoria militar de los cruzados fue completada por la recién creada Inquisición, cuyo objetivo inicial lo constituyó el Catarismo, la primera herejía del Medievo cristiano que consiguió arraigar profundamente en una región occidental.

5. La importancia alcanzada por el fenómeno herético dio lugar al nacimiento de la Inquisición, la institución destinada específicamente a la defensa de la fe y la lucha contra la herejía. Rivalizaron en este empeño la potestad eclesiástica y la civil. El emperador Federico II —gran adversario del pontificado— promulgó una constitución que establecía la muerte en la hoguera como pena por el crimen de herejía (1220). El papa Gregorio IX, por su parte, instituyó la Inquisición pontificia (1232), que cumplió una función de salvaguardia de la fe, considerada entonces como el más valioso bien común del pueblo cristiano. En todo caso, el procedimiento inquisitorial tuvo graves defectos que hieren a la sensibilidad del hombre de hoy; y lo mismo cabe decir de su sistema penal, con la muerte como sanción por el delito de herejía. La Inquisición tuvo la desgracia de ser hija de su tiempo y de nacer en un momento de endurecimiento general de la vida jurídica, como fue el de la recepción del Derecho romano.

6. La Baja Edad Media vio surgir un nuevo género de doctrinas heréticas, que con toda razón deben considerarse ya como preprotestantes. En los escritos de Wiclef, profesor de la Universidad de Oxford, pueden encontrarse proposiciones que fueron condenadas por la Iglesia y que coinciden con tesis fundamentales de los reformadores del siglo XVI: el principio de que la Sagrada Escritura es la única fuente de la fe, la concepción de la Iglesia como invisible «comunidad de predestinados», el sacerdocio común de los fieles como único sacerdocio, la negación de la Presencia real eucarística, la crítica acerba del Papado, etcétera.

7. Las doctrinas de Wiclef influyeron notablemente en los escritos y predicaciones de Juan Huss, sacerdote y maestro de la Universidad de Praga. Las ideas de Huss tuvieron amplia acogida en su tierra de Bohemia. Denunciado como hereje, pretendió justificarse ante el Concilio de Constanza; pero fue condenado y murió en la hoguera el 6 de julio de 1415. Su muerte solivió a sus compatriotas, que lo consideraron no sólo un mártir religioso, sino también como el héroe nacional. Las guerras husitas enfrentaron a los checos con el Imperio germánico y abocaron a una solución de compromiso, contenida en los *Compactata* de Basilea. En virtud de ese acuerdo, los husitas moderados vieron reconocidas algunas peculiaridades litúrgicas, entre ellas la comunión bajo las dos especies, que les valió la denominación de «utraquistas». En vísperas de la Reforma, la Iglesia en Bohemia, con su división interna entre católicos y «utraquistas», presentaba una nota de ambigüedad desconocida entonces en el resto de la Cristiandad europea.

CUARTA PARTE

LA IGLESIA EN LA EDAD MODERNA

Capítulo I

LA CRISIS DE LA CRISTIANDAD. EL PONTIFICADO DE AVIÑÓN

Los duros enfrentamientos del siglo XIII entre papas y emperadores alemanes fueron factor principal de la quiebra del sistema de la Cristiandad. Un nuevo «espíritu laico» y la tendencia al nacionalismo eclesiástico animaron a los gobernantes de las grandes monarquías occidentales. En el dorado destierro de Aviñón, el Pontificado del siglo XIV vivió bajo la sombra de Francia.

1. El sistema doctrinal y político de la Cristiandad hizo crisis en el siglo XIII, con la aparición de un nuevo clima espiritual e ideológico que prevaleció en Europa durante la Baja Edad Media. El factor que de modo inmediato contribuyó más a aquella ruptura fue el enfrentamiento, enconado y tenaz, entre Pontificado e Imperio, representados respectivamente por los papas sucesores de Inocencio III y el emperador Federico II, de la familia de los Staufen. La asunción del Imperio por este monarca, sin renunciar a sus derechos soberanos sobre Nápoles y Sicilia, inquietó profundamente a los papas, cuyos Estados quedaban rodeados por los dominios germánicos. La personalidad de Federico II, más próxima a la del príncipe renacentista que a la del emperador cristiano, y su sospechosa religiosidad contribuían a alimentar las aprensiones pontificias. Gregorio IX (1227-1241) e Inocencio IV (1243-1254) fueron los grandes adversarios de Federico II († 1250), en un conflicto de inusitada violencia que dividió a Italia en dos bandos, de «güelfos» —partidarios del Papa— y «gibelinos» —seguidores del emperador—. Los pontífices entregaron el reino de Nápoles y Sicilia al francés Carlos de Anjou, que hizo morir a los últimos varones de la dinastía Staufen. Una mujer, Constanza, transmitió los derechos familiares a su marido, Pedro III de Aragón, y las «Vísperas Sicilianas» le entregaron la isla de Sicilia, dando así comienzo a la presencia aragonesa en el sur de Italia.

2. La violencia de estas luchas entre Pontificado e Imperio hirieron de muerte al régimen de la Cristiandad medieval. La coyuntura histórica favoreció este proceso, pues el declive del Imperio coincidía con el auge de otros Estados, en especial Francia, que vino a ser el poder secular sobre el cual trató de apoyarse ahora el Pontificado. En estas nuevas circunstancias, la afirmación de las grandes monarquías occidentales y de los consiguientes nacionalismos eclesiásticos se impuso al sentido de unidad esencial entre los pueblos cristianos, que había inspirado la doctrina política de la Cristiandad. La crisis del Imperio fue tan profunda, que a la muerte de Conrado IV (1254) quedó vacante, durante diecisiete años, el llamado «Largo Interregno». Pero también el Pontificado sufrió las consecuencias de la quiebra de la Etnarquía cristiana: entre los pueblos germánicos comenzó a latir un sordo resentimiento contra Roma, precedente lejano de la futura revolución luterana; y en el seno de la propia Iglesia se dejó sentir el ardiente deseo de un Pontificado más espiritual y menos implicado en negocios mundanos.

3. Las profecías del abad cisterciense Joaquín de Fiore, que anunciaban una nueva edad de la Iglesia, inaugurada por el advenimiento de un «papa angélico», impresionaban a los espíritus y alimentaban aquellas esperanzas renovadoras. El reflejo más significativo de este clima, que prevalecía a finales del siglo XIII, fue la elección como Papa del ermitaño Pedro Morone, que tomó el nombre de Celestino V. Pero se trató de un episodio fugaz: a los cinco meses, Celestino, consciente de su

incapacidad para gobernar la Iglesia, renunció a la tiara. Benedetto Caetani, que le sucedió con el nombre de Bonifacio VIII, tenía mucho más de jurista apasionado por el principio de la supremacía papal que de pastor evangélico. El pontificado de Bonifacio VIII abrió una sucesión de crisis, de las más dramáticas y prolongadas que la Iglesia ha conocido en más de veinte siglos de historia.

4. La época de la crisis se abrió con el choque entre Bonifacio VIII y el rey de Francia, Felipe el Hermoso. El Papa estaba plenamente imbuido de la idea de la superioridad de su autoridad apostólica, incluso en el orden temporal, y trató de comportarse como un nuevo Inocencio III, en circunstancias muy distintas. Felipe el Hermoso era un político hábil y sin escrúpulos, el primer rey «moderno» de la Monarquía francesa. Bonifacio VIII promulgó la célebre bula *Unam Sanctam* (28-XI-1302) —la más acabada exposición de la teocracia pontificia— y exigió al rey de Francia la aceptación de esta doctrina. El conflicto llegó a su culmen cuando Guillermo de Nogaret —consejero de Felipe— asaltó Anagni, hizo prisionero al pontífice y le afrentó públicamente. Un mes más tarde moría Bonifacio VIII, y el Papado, trasplantado por Clemente V de Roma a Aviñón, quedó virtualmente bajo dominio francés, por un largo período que ha sido llamado enfáticamente la «cautividad de Babilonia».

5. En Aviñón, el Pontificado se afrancesó y perdió universalidad: franceses fueron los siete papas que allí se sucedieron y casi el 90 por 100 de los cardenales. Los pontífices aviñoneses dejaron fama de buenos administradores y prosiguieron la obra de centralización del gobierno eclesiástico, iniciada por la reforma gregoriana: cada vez fueron más las «reservas papales», esto es, los nombramientos, gracias, dispensas, etc., «reservados» al Papa. La centralización multiplicó los gastos de la Sede Apostólica, justamente cuando fallaban los ingresos proceden-

tes de los Estados de la Iglesia en Italia, ahora en plena anarquía. Los papas —y en especial Juan XXII (1316-1334)— crearon el más perfecto sistema fiscal de la época, con el fin de no desperdiciar ninguna posible fuente de ingresos. La Hacienda aviñonesa alcanzó sus propósitos, pero el ansia tributaria dañó gravemente el prestigio pontificio, divulgando una imagen ingrata del Papado, que produciría resultados nefastos en el futuro.

6. La época aviñonesa presenció la aparición de famosos doctrinarios antipapales, que se dieron cita en la corte del emperador Luis II de Baviera, durante el largo conflicto que sostuvo con el papa Juan XXII y varios sucesores suyos. Junto a Luis II se refugiaron los jefes del partido de los franciscanos «espirituales» —enemistados con los papas por la cuestión de la pobreza—, entre ellos el ministro general Miguel de Cesena y el inglés Guillermo de Ockham, que exaltaba en sus escritos el papel del Imperio en el Orbe cristiano y proponía un régimen democrático para el gobierno de la Iglesia. El personaje más notorio del entorno de Luis II fue Marsilio de Padua, antiguo rector de la Universidad de París y autor del *Defensor Pacis,* una obra que rompía abiertamente con la tradición doctrinal cristiana. Para Marsilio, el Papa no gozaba de especial potestad y tenía tan sólo el carácter sacerdotal; la Jerarquía eclesiástica era de institución humana; la Iglesia carecía de poder de jurisdicción y los clérigos tan sólo podían recibirlo de los príncipes; la Iglesia, en suma, se hallaba en situación de plena dependencia con respecto al Estado.

7. El *Defensor Pacis* representa la quintaesencia del doctrinarismo antipapal. Sin llegar a tales extremos, un nuevo «espíritu laico» se difundió ampliamente en el siglo XIV. La «recepción» del Derecho romano contribuyó a fortalecer el poder real y a preparar la consolidación de las Monarquías nacionales. Agentes de esta política fueron los juristas laicos, consejeros de

los reyes, como los famosos «legistas», al servicio de Felipe el Hermoso de Francia. La nueva política proclamaba la absoluta soberanía del Estado, sin dependencia alguna del Pontificado; más aún, la omnipotencia del poder real se extendía también a los asuntos eclesiásticos y favorecía la configuración «nacional» de la Iglesia en los distintos reinos. En Inglaterra, los estatutos de «Provisores» (1351) y de *Praemunire* (1353 y 1393) contribuyeron decisivamente a crear una «Iglesia anglicana», bien sumisa al rey mucho tiempo antes de Enrique VIII y la Reforma. En Francia, el «espíritu laico» y el robustecimiento del poder real dieron vida al «Galicanismo», que culminó en el siglo XV con la «Pragmática Sanción» de Bourges (1438). La «Pragmática» consagró un particularismo eclesiástico que perduraría en Francia hasta la gran revolución del siglo XVIII.

8. La vuelta del Papa a Roma era el común anhelo de los mejores espíritus de la época, desde Santa Catalina de Siena o Santa Brígida a Petrarca. La pacificación de los Estados Pontificios por el cardenal español Gil de Albornoz facilitaba el retorno. Por fin, Gregorio XI (1370-1378) se resolvió a abandonar definitivamente Aviñón e hizo su entrada en Roma, entre el fervor popular, en enero de 1377. Parecía terminar una época triste, que se había prolongado durante tres cuartos de siglo. Pero el tiempo de prueba estaba lejos de haber concluido: catorce meses más tarde moría Gregorio XI y su desaparición abrió un capítulo nuevo en la larga crisis de la Iglesia: el Cisma de Occidente.

Capítulo II

EL CISMA DE OCCIDENTE
Y EL CONCILIARISMO

La crisis de la Cristiandad desembocó en el Cisma de Occidente. Los reinos cristianos dividieron su «obediencia» entre dos y hasta tres papas, cada uno de los cuales pretendía ser legítima cabeza de la Iglesia. En este clima de confusión, las doctrinas conciliaristas trataron de alterar la propia estructura eclesiástica, haciendo del concilio ecuménico una instancia suprema, por encima del Papa.

1. En el castillo de Peñíscola, que fue residencia de Pedro de Luna —Benedicto XIII, según la nomenclatura de los pontífices aviñoneses del tiempo del Cisma—, existe una lápida que remite al día del Juicio Final la solución del enigma de la legitimidad o no de aquel personaje, que creyó firmemente ser auténtico papa. ¿Cómo pudo llegarse a una tal situación de incertidumbre, de consecuencias tan dramáticas para la Iglesia? La sencilla exposición de los hechos es condición previa para cualquier intento de interpretación de los mismos.

2. Dos fueron los grandes protagonistas que desempeñaron un papel decisivo en los orígenes del Cisma occidental: el Colegio de cardenales y el pueblo romano. El Sacro Colegio, llamado a elegir en Roma al sucesor de Gregorio XI, fallecido poco después de su vuelta de Aviñón, contaba con una gran mayoría de miembros franceses, como ocurrió durante todo el período aviñonés. El pueblo romano deseaba ardientemente la elección de un papa italiano, para eludir el peligro de un nuevo retorno del Pontificado a Aviñón. En un clima de pasión popular y tumultos callejeros, el Cónclave eligió Papa el 8 de abril

de 1378 al italiano Bartolomé Prignano, arzobispo de Bari, que tomó el nombre de Urbano VI (1378-1389). Pocos meses más tarde, la mayoría francesa del Sacro Colegio abandonó Roma y denunció como inválida la pasada elección papal, por haber votado los electores sin libertad, bajo el peso de la coacción del pueblo. Este grupo mayoritario de cardenales se reunió en Fondi en septiembre del mismo año y designó Papa a uno de ellos, el cardenal Roberto de Ginebra, que tomó el nombre de Clemente VII (1378-1394). Clemente se instaló de nuevo en Aviñón, los dos papas electos se excomulgaron el uno al otro y el Cisma quedó abierto.

3. La gran oscuridad del problema estaba en que la clave de la legitimidad de uno u otro Papa dependía de algo tan difícil de comprobar como la validez de la elección de Urbano VI. Se trataba, en suma, de dilucidar si la presión popular había influido en el ánimo de los cardenales hasta el extremo de privarles de libertad y hacer inválida, en consecuencia, la primera elección. En efecto, si la primera elección había sido válida, el Papa legítimo era Urbano VI; si no lo fue, Clemente VII era el verdadero Papa. Y todo pendía de una circunstancia imposible de establecer con certeza externa, como era la influencia que había tenido el miedo en el voto del Sacro Colegio. La confusión creada por el Cisma hizo que la Cristiandad se escindiera y los reinos se adhiriesen a una u otra «obediencia». Sucedió así hasta con los propios santos, y mientras Santa Catalina de Siena se mantuvo al lado de Urbano VI, San Vicente Ferrer militó en la «obediencia» de Aviñón.

4. El Cisma se prolongó largo tiempo y la sucesiones papales habidas tanto en Roma como en Aviñón no dejaban entrever una pronta solución, pese a que el deseo de unidad se mantenía bien vivo entre el pueblo cristiano. En 1408, cuando habían transcurrido ya treinta años desde el comienzo de la escisión, Gregorio XII era Papa en Roma y Benedicto XIII —Pedro de Luna— encabezaba la obediencia de Aviñón. Un grupo de cardenales romanos y otros aviñoneses resolvieron entonces celebrar un concilio para, de este modo, poner fin al Cisma. El concilio, reunido en Pisa en 1409, declaró depuestos a los dos pontífices reinantes y eligió un nuevo Papa, Alejandro V. Mas esta elección, lejos de poner remedio, no hizo más que aportar un nuevo elemento de confusión: los papas de Roma y Aviñón rehusaron abdicar, con lo que la Cristiandad quedó divida no ya en dos, sino en tres obediencias. Se había llegado a una situación límite y ante ella tomó cuerpo la idea de que tan sólo un concilio universal sería capaz de resolver la crisis de la Iglesia. Esta idea encontró un entusiasta valedor en el recién elegido emperador alemán Segismundo, que obtuvo del «papa de Pisa» Juan XXIII —sucesor de Alejandro V— la convocatoria del concilio ecuménico de Constanza.

5. Fue el de Constanza un concilio peculiar, verdadera asamblea de las naciones cristianas de Europa. La singularidad se puso ya de manifiesto en el sistema de votación, que no fue por cabezas —como es habitual—, sino por «naciones»: se asignó un voto a cada «nación» —francesa, inglesa, alemana, italiana y española— y otro más al Colegio de cardenales. Pero el paso de más trascendencia lo dio este sínodo cuando el papa Juan XXIII —el primero que llevó este nombre—, invitado a abdicar, rehusó hacerlo y huyó de Constanza. El concilio promulgó entonces el decreto *Sacrosancta* (6-IV-1415), por el que se proclamó a sí mismo instancia suprema de la Iglesia católica, con autoridad recibida directamente de Cristo, y a la cual estarían sometidos todos los poderes, incluso el del Papa, en lo tocante a la fe, el Cisma o la reforma de la Iglesia. De este modo, la asamblea de Constanza hizo suya la doctrina conciliarista, que afirmaba la superioridad del concilio universal sobre el Papa y alteraba en sus fundamentos la constitución de la Iglesia.

6. El decreto *Sacrosancta* tan sólo puede valorarse adecuadamente dentro del contexto histórico del momento en que se promulgó: al cabo de más de un siglo de crisis de la Iglesia y de casi cuarenta años de Cisma. Es cierto que teorías conciliaristas habían sido profesadas por los clásicos doctrinarios antipapales, como Ockham o Marsilio de Padua. Pero los argumentos conciliaristas hallaban también suficiente respaldo en la ingente masa de textos recogidos en los códices de las colecciones del *Corpus Iuris Canonici*. En innumerables glosas y anotaciones, los «decretistas» y «decretalistas» se hicieron eco de las mil hipótesis formuladas sobre todos los supuestos imaginables, que habían sido debatidos en las escuelas, en el plano, naturalmente, de la pura teoría. La novedad estribaba en que ahora no se trataba de académicas «cuestiones disputadas», sino de un angustioso y realísimo problema. Eso explica la gran acogida que tuvo la doctrina conciliarista, sobre todo entre los doctores franceses y alemanes, con el canciller de la Universidad de París, Juan Gerson, a la cabeza.

7. La doctrina conciliarista del decreto *Sacrosancta* establecía la superior autoridad del concilio ecuménico dentro de la Iglesia. Pero el Concilio de Constanza no se conformó con formular la doctrina en el plano de los principios, sino que trató de establecer un régimen definitivo de normal participación sinodal en el supremo gobierno eclesiástico. A este propósito respondió el decreto *Frequens,* de 9 de octubre de 1417, que hizo del concilio ecuménico una institución permanente en la Iglesia: el concilio universal volvería a celebrarse al cabo de cinco años, luego a los siete y finalmente cada diez años, y ello de modo automático y sin necesidad de convocatoria pontificia. Completada así la reestructuración conciliarista de la Iglesia, se procedió al fin a la elección papal por los cardenales presentes en Constanza, más seis electores por cada una de las «naciones» conciliares. El cardenal Otón Colonna fue elegido Papa con el nombre de Martín V (11-XI-1417) y reconocido por toda la Cristiandad: el Cisma de Occidente había terminado.

8. El Concilio de Constanza había conseguido acabar con el Cisma; pero sus decretos conciliaristas despertaban justifica-

dos recelos y el nuevo Papa, Martín V, no los confirmó. Era inevitable que tarde o temprano se produjera un abierto enfrentamiento entre el Papado y el doctrinarismo conciliarista, que decidiera la superioridad del papa o del concilio en la Iglesia. El choque se produjo, durante el pontificado de Eugenio IV (1431-1447), en el Concilio de Basilea. El concilio, iniciado regularmente, se fue radicalizando hasta convertirse en una asamblea de clérigos, con un mínimo porcentaje de obispos. Los conciliares de Basilea llegaron, por fin, a la ruptura con el Papa, al que declararon depuesto, eligiendo como antipapa al duque Amadeo de Saboya, un singular personaje que tomó el nombre de Félix V. Eugenio IV respondió condenando al «conventículo» de Basilea y la propia doctrina conciliarista. Abandonado por todos los reinos cristianos, el grupo cismático a que había quedado reducido el concilio acabó por desintegrarse. La crisis del conciliarismo terminó, así, con una clara reafirmación del Primado romano.

Capítulo III

LA REFORMA PROTESTANTE

Martín Lutero fue el alma de la gran revolución religiosa que escindió la unidad cristiana occidental. La compleja personalidad de Lutero, agitada por sus crisis interiores, acertó a galvanizar el viejo resentimiento germánico contra Roma y a complacer las apetencias de los príncipes alemanes. El Protestantismo se extendió por los Estados del centro y norte de Europa, mientras el cisma anglicano escindía a Inglaterra de la unidad católica.

1. La Reforma protestante tuvo por autor a Martín Lutero. Es indiscutible el supremo protagonismo que le corresponde en la gran revolución religiosa del siglo XVI. Pero por excepcionales que fueran la personalidad del antiguo fraile agustino y sus talentos de «líder», parece claro que el éxito del reformador se debió también, en buena medida, a la concurrencia de toda una serie de circunstancias particularmente oportunas. Lutero tuvo el arte de hacerse intérprete de ideas y sentimientos muy extendidos entonces entre sus compatriotas, y acertó a darles respuestas que satisfacían a las aspiraciones religiosas de algunos y a las ambiciones políticas de otros. La propia rapidez con que se propagó el incendio de la Reforma es buen indicio de que el viento soplaba a su favor y la coyuntura era propicia. Considerar los precedentes históricos resulta, por tanto, indispensable para comprender el origen y desarrollo del Luteranismo.

2. Muchos de los gérmenes que facilitaron la revolución luterana venían operando desde largo tiempo atrás. Todo el proceso de descomposición de los principios y actitudes que fundamentaron la Cristiandad medieval fue a la vez preparación de la Reforma: las doctrinas conciliaristas, el democratismo eclesial, la filosofía nominalista, la presión tributaria de la Hacienda papal aviñonesa, el Cisma de Occidente. Factores de orden político, como los conflictos entre papas y emperadores o el auge de los nacionalismos eclesiásticos, contribuyeron también a preparar la crisis religiosa. Y hubo, todavía, otras causas más, derivadas de la peculiar realidad alemana: la decadencia moral del clero y en especial del episcopado, marcado por una impronta señorial y el práctico monopolio de la nobleza; la debilidad del poder soberano, en un Imperio fragmentado en un sinfín de principados y ciudades; y sobre todo, el resentimiento contra Roma, que en el último siglo había tomado forma concreta en los *Gravamina Nationis Germanicae,* el elenco de agravios y querellas de la nación alemana contra la Curia romana. Todos estos factores propiciaban la creación del clima adecuado para el estallido de una gran crisis religiosa.

3. Martín Lutero —decíamos— supo encarnar de modo admirable los sentimientos de muchos alemanes de su época. Pero ello no excluye la existencia de motivaciones de índole religiosa, que influyeron poderosamente en su itinerario interior y en su actuación externa. Desde que se hizo fraile, Lutero experimentaba una angustiosa ansiedad por asegurar su salvación. La Teología ockhamista en que se había formado, al tiempo que proclamaba el voluntarismo arbitrario de Dios, sostenía que la libre voluntad del hombre bastaba para cumplir la Ley divina y alcanzar así la bienaventuranza. Fray Martín sentía que esta doctrina chocaba violentamente con sus propias vivencias: él se consideraba incapaz de superar la concupiscencia con sus solas fuerzas y de alcanzar con sus obras la anhelada seguridad de salvación. La meditación del versículo 17 del capítulo primero de la Epístola a los Romanos —«el justo vive de la fe»— hizo salir a Lutero de su profunda crisis de angustia. Creyó entender que

Dios misericordioso justificaba al hombre a través de la fe —la «fe fiducial»— y a la luz de este principio le pareció que toda la Escritura cobraba un nuevo sentido.

4. Sobre esta base —verdadero axioma de su «teología de la consolación»— Lutero construyó un sistema doctrinal en abierta contradicción con la tradición de la Iglesia. La naturaleza humana —según él— habría quedado radicalmente corrompida por el pecado. La justificación —dimanante tan sólo de la fe— no sería una sanación interior del hombre, sino una declaración de Dios recubriéndole graciosamente con los méritos de la muerte de Cristo. Las obras del hombre de nada servirían para la salvación: ni el sacerdocio ministerial tendría razón de ser, ni la mayoría de los sacramentos, ni los votos monásticos, ni, sobre todo, el Papado, máxima invención del Anticristo. Lutero se forjó un concepto puramente interior de la Iglesia y rechazaba en ella todo elemento constitucional, y de modo particular, el Derecho canónico. La Iglesia no sería, por tanto, depositaria ni intérprete de la Revelación: la «sola Escritura» era, según él, única fuente de la Revelación, y su interpretación correspondía a cada fiel en particular, directamente inspirado por Dios.

5. Lutero no formuló esta doctrina de una sola vez, sino gradualmente, en un audaz *crescendo*, que le alejaba cada vez más de la ortodoxia católica. El inmenso éxito que alcanzó ha de atribuirse en parte a la favorable coyuntura antes aludida; pero también a otros factores más inmediatos. Entre ellos sobresale en primer lugar la extraordinaria personalidad del propio reformador —contradictoria y, a la vez, avasalladora—, en la que se conjugaba la religiosidad obsesiva, la tierna piedad hacia Jesucristo y la zafiedad, llevada hasta el último extremo en sus dicterios e insultos contra el Papa.

6. Las doctrinas de Lutero, por otra parte, fueron recibidas con complacencia por muchos oyentes, a veces por razones

muy diversas. La supresión del celibato eclesiástico fue bien acogida por no pocos sacerdotes, en una época de bajo nivel moral del clero, y la supresión de los votos monásticos sonó a liberación entre comunidades religiosas poco fervientes. La «teología de la consolación», según la cual la fe sin obras justifica, hacía más cómoda la vida cristiana y «tranquilizaba» a individuos conscientes de sus pecados, pero a la vez con sentimientos religiosos y ansias de asegurar su salvación eterna. El antiromanismo luterano agradaba a humanistas al estilo de Ultrico de Hutten; y, sobre todo, la posibilidad de adueñarse de los bienes eclesiásticos despertó la codicia de los príncipes e incluso de los munícipes de ciertas ciudades imperiales. Hay que añadir, todavía, que Lutero tuvo un maravilloso sentido de la propaganda, que supo sacar todo el partido posible a la imprenta y que Alemania se vio inundada de folletos, devocionarios, libros de cánticos y hojas volantes que difundieron por doquier la doctrina luterana y la pusieron al alcance de toda suerte de personas.

7. Es necesario recordar, aunque sea sucintamente, las grandes líneas del proceso histórico de la Reforma en Alemania, cuyo punto de arranque se sitúa en el año 1517. La predicación por los dominicos de las indulgencias para obtener limosnas destinadas a las obras de la basílica de San Pedro suscitó la repulsa de Martín Lutero, fraile agustino y profesor en Wittenberg, que realizó dos acciones resonantes: la publicación de 97 tesis contra la Teología escolástica (4-IX-1517) y el envío al arzobispo de Maguncia, la víspera de Todos los Santos, de 95 tesis sobre las indulgencias. Los años siguientes presenciaron un sorprendente crecimiento de la fama de Lutero, que, llamado a Roma, rehusó presentarse allí y acudió en cambio a las dietas imperiales de Augsburgo (1518) y Leipzig (1519), adoptando posturas religiosas cada vez más críticas. Roma no emprendió una decidida acción contra Lutero, por razones, so-

bre todo, de oportunidad política: el Imperio estaba vacante y el candidato preferido por el papa León X era el elector Federico el Sabio de Sajonia, señor territorial y gran protector de fray Martín. Elegido emperador Carlos V (1519), Lutero publicó en 1520 tres famosos escritos, que implicaban la abierta ruptura con la Iglesia: «A la nobleza cristiana de la nación alemana», «De la cautividad babilónica de la Iglesia» y «De la libertad del cristianismo». En 1521, la excomunión recaía por fin sobre Martín Lutero.

8. En la Dieta de Worms, de 1521, Carlos V y Martín Lutero se encontraron frente a frente. «Ni puedo ni quiero retractarme», declaró el antiguo fraile. Admira la clarividencia del joven emperador de veintiún años, que en aquella sola jornada caló toda la gravedad de una revuelta religiosa, que la Curia romana había tardado tanto tiempo en advertir. Esa misma noche redactó Carlos de su puño y letra un documento que al día siguiente, 19 de abril, presentó ante la Dieta, proclamando la resuelta determinación «de emplear mis reinos y mis señoríos, mis amigos, mi cuerpo, mi sangre, mi vida y mi alma». Y ése fue el combate que libraron hasta la muerte el autor de la Reforma y el último gran emperador cristiano de Europa.

9. El Luteranismo fue ganando con rapidez principados y ciudades. En las convulsiones sociales de la «guerra de los campesinos», Lutero tomó decididamente el partido por los señores y exhortó a los príncipes a asumir el poder eclesiástico en sus Estados. La consolidación del Luteranismo progresó tanto en el orden político como en el teológico: los príncipes y ciudades reformados constituyeron una liga confesional y Melanchton fijó la doctrina luterana en la «Confesión de Augsburgo» (1530). Un año antes, la Dieta de Spira acordó tolerar la Reforma allí donde estaba ya implantada, pero prohibió extenderla a nuevos territorios. La protesta de cinco Estados y catorce ciudades acuñó una denominación religiosa que ha hecho fortuna: protestantes, Protestantismo.

10. Cuando Lutero murió en 1546, la Reforma se había extendido a más de media Alemania. En 1546, también, se abría el Concilio de Trento, que Carlos V venía reclamando desde quince años antes. En 1547, el conflicto entre el emperador y los príncipes protestantes degeneró en lucha armada, y Carlos V en Mühlberg obtuvo una completa victoria sobre la Liga de Smalkalda. Pero, más tarde, la traición de Mauricio de Sajonia obligó al emperador a otorgar por el tratado de Passau libertad religiosa a los luteranos (1552). En 1555, Carlos V, cansado y envejecido, a punto ya de retirarse a Yuste, hubo de sancionar la paz de Augsburgo, que otorgaba igualdad de derechos a católicos y luteranos, siendo los príncipes quienes decidirían la confesión que iban a seguir en su territorio: *cuius regio eius religio*. La escisión religiosa de Alemania era ya un hecho consumado e irreversible.

11. La revolución religiosa iniciada por Lutero tuvo a Alemania como primer escenario, pero no quedó encerrada en las fronteras territoriales del Imperio. Un viento de fronda barrió la mayor parte del Occidente europeo, llevando por doquier los gérmenes de la Reforma. Resulta sorprendente la rápida expansión que tuvo el Protestantismo, tanto en su forma luterana como en otras formas, diversas entre sí pero coincidentes todas en su ruptura con la ortodoxia católica. Tras haber dominado más de media Alemania, la revuelta protestante desgajó del tronco de la Iglesia a la mitad de los pueblos que habían integrado la Cristiandad medieval. Recordemos ahora los aspectos más salientes de ese contagio desintegrador que mudó la faz del continente europeo.

12. El Luteranismo se adueñó con considerable «facilidad» de los países escandinavos, cuyos monarcas rompieron pronto con Roma, se apropiaron los bienes eclesiásticos y crearon sus iglesias nacionales. En la Suiza alemana, Zwinglio, cura de Glaris (1448-1531), movió desde 1518 su propia revuelta religiosa, cuyo radicalismo disgustó al mismo Lutero. Tenía éste mala opinión de Zwinglio, a quien consideraba como «un hombre no cristiano», sobre todo por su doctrina de la presencia meramente simbólica de Cristo en la Eucaristía. Pero el segundo personaje en importancia de la Reforma, tanto por su contribución doctrinal como por su influencia en el progreso del Protestantismo, apareció más tarde y fue un francés: Juan Calvino.

13. Calvino (1509-1564), nacido en Noyon y pasado a la Reforma desde sus años mozos, abrió nuevos caminos al Protestantismo. Dotado de una mente más lógica y rigurosa que la de Lutero, Calvino llevó hasta sus últimas consecuencias las premisas fundamentales de la doctrina protestante. La «teología de la consolación» luterana era, a su juicio, del todo insuficiente. La insanable corrupción del hombre y el absoluto voluntarismo divino debían conducir fatalmente a la doctrina calvinista de la predestinación. Dios —trascendente e incomprensible—, según su arbitrio insondable, predestinaría a los hombres al cielo o al infierno, regalaría «a unos la salvación y a otros la condenación». La verdadera Iglesia sería la congregación de los predestinados —*coetus praedestinatorum*—, y de ahí su naturaleza interior e invisible. Pero existiría también una Iglesia visible, la compuesta por el conjunto de los fieles incorporados a ella por el bautismo y participantes en la Cena eucarística, los dos únicos sacramentos admitidos por Calvino. En todo caso, la misma corrupción de la naturaleza humana exigía —según el reformador— que el hombre hubiera de ser sometido a una vida de estricta moralidad, sobria y laboriosa. Esta existencia sería bendecida por Dios con la prosperidad en los negocios temporales, señal de favor divino y verdadero signo de predestinación. La doctrina de Calvino ejerció una notable influencia en la génesis del moderno Capitalismo.

14. Calvino expuso su doctrina en el tratado de la «Institución cristiana», compuesto primero en latín y luego ampliado y publicado en francés (1541). En Ginebra, donde fijó su definitiva residencia, Juan Calvino logró instaurar un régimen cuasiteocrático y una austera vida social, inspirada en las normas de la Biblia. Calvino fue allí el autócrata religioso, que gobernaba la comunidad rodeado de un «Consistorio» de pastores y ancianos. La Academia teológica ginebrina era el seminario donde se formaban los pastores con destino a las diversas comunidades calvinistas de Europa. Ginebra velaba por la pureza de su Cristianismo reformado y el célebre médico español Miguel Servet fue condenado como hereje y murió en la hoguera por negar el misterio de la Santísima Trinidad.

15. El Protestantismo calvinista tuvo una fuerza expansiva superior al Luteranismo —casi reducido a Alemania y Escandinavia— y su influencia resultó decisiva para los destinos cristianos de Europa. En el centro y este europeos, el Calvinismo se introdujo profundamente en Hungría y Bohemia y ganó a parte de la aristocracia polaca. En los Países Bajos, Guillermo de Orange *el Taciturno* fue el caudillo protestante en la lucha contra Felipe II y los católicos, y consiguió consolidar como un reducto calvinista las Provincias Unidas del Norte —la futura Holanda—. En Escocia, el Calvinismo tomó la forma de Presbiteranismo: el fanático Juan Knox fue el verdadero dueño del país, del que huyó para refugiarse en Inglaterra la desdichada reina María Estuardo. Calvinista fue también el Protestantismo que mayor importancia alcanzó en la patria del propio Calvino, esto es, en Francia.

16. Los reyes franceses de los primeros tiempos de la Reforma dieron la pauta de una singular política religiosa. Desde la época de Francisco I, Francia fue la constante aliada de los príncipes protestantes alemanes que luchaban contra Carlos I, y también del turco, que amenazaba las fronteras orientales del Imperio. Esta misma línea —luego habrá que volver sobre ello— se mantuvo en el siglo XVII, en la decisiva prueba de la Guerra de los Treinta Años. Pero en la política interior, los reyes franceses se mostraron de ordinario fieles católicos, y tanto Francisco I como Enrique II procedieron con rigor frente a sus súbditos protestantes. El Calvinismo, sin embargo, penetró en Francia, hizo numerosos adeptos entre la aristocracia y no tardaron en formarse dos grandes partidos, uno católico, capitaneado por los Guisa, y otro protestante, cuyos jefes más famosos fueron el almirante Coligny y el príncipe Enrique de Borbón-Navarra. Catalina de Médicis, viuda de Enrique II, cuando ejerció la regencia, intentó una política neutralista y de apaciguamiento. Pero fue en vano, y las Guerras de Religión asolaron a Francia durante casi tres décadas. La Noche de San Bartolomé y los asesinatos del duque de Guisa y del rey Enrique III se cuentan entre los episodios más sobresalientes de aquella tormentosa época de guerras civiles.

17. La historia de la Reforma en Inglaterra siguió una trayectoria peculiar y obedeció, más quizá que en ningún otro país, a las directrices de la realeza. El «Anglicanismo» —tal como ya se dijo— no fue invención de Enrique VIII. Bajo la monarquía Tudor del siglo XV, la Iglesia de Inglaterra era ya en cierto sentido «anglicana» y Enrique VIII halló en la legislación eclesiástica de sus predecesores un instrumento válido para su política de sojuzgamiento religioso. Este príncipe —como es sabido— fue paladín del Catolicismo en los albores de la Reforma y escribió contra Lutero una «Defensa de los siete sacramentos», que le valió del papa León X el título de *Defensor fidei*. Fue la negativa papal a conceder a Enrique el divorcio de Catalina de Aragón, para casarse con Ana Bolena, la

razón que le llevó al repudio del Primado romano y al cisma. Porque cisma fue —y no Protestantismo— la Reforma en Inglaterra mientras vivió Enrique VIII. El rey se proclamó a sí mismo «Cabeza suprema de la Iglesia de Inglaterra» y exigió el reconocimiento jurado de su supremacía eclesiástica. La gran mayoría de los hombres de iglesia se sometió medrosamente a la voluntad del rey. Pero hubo excepciones admirables, como los mártires cartujos y sobre todo dos personajes insignes, que no claudicaron y murieron por la fe: San Juan Fisher, obispo de Rochester, y Santo Tomás Moro, gran canciller del reino y el mejor humanista de Inglaterra, esposo y padre de familia ejemplar, una figura de cristiano que al cabo de los siglos sigue siendo atractiva y moderna.

18. El Protestantismo de inspiración calvinista se introdujo en Inglaterra durante el reinado de Eduardo VI (1547-1553). Su sucesora María Tudor —hija de Enrique VIII y Catalina de Aragón— reprimió la herejía e intentó la restauración católica. pero esta restauración no duró más allá de los breves años en que ocupó el trono (1553-1558). A su muerte, sin hijos, la corona pasó a Isabel, hija de Enrique VIII y Ana Bolena. El largo reinado de Isabel I (1558-1603) decidió la suerte del Cristianismo inglés. Se guardaron formas externas de la tradición católica, como la Jerarquía eclesiástica con sus obispos y sus cabildos catedralicios, aunque sin clero célibe ni vida monástica. Se prohibió la celebración de la Misa, y un Anglicanismo protestantizado, con elementos luteranos y calvinistas, se impuso como doctrina oficial de la Iglesia de Inglaterra.

Capítulo IV

LA REFORMA CATÓLICA

Los anhelos de renovación cristiana produjeron un admirable florecimiento en el seno de la Iglesia, que en algún país como España se inició con anterioridad al Luteranismo. Se reformaron antiguas órdenes religiosas, se crearon otras nuevas, aparecieron grandes santos y grandes papas. El Concilio de Trento no logró el objetivo acariciado por Carlos V de restaurar la unidad cristiana; pero realizó una obra inmensa, tanto en el orden de la doctrina católica como de la disciplina eclesiástica. En el siglo XVII, los tratados de Westfalia consagraron la división religiosa de Europa.

1. La Reforma católica, como movimiento renovador de la Iglesia universal y promovido por el Papado, es posterior en el tiempo a la Reforma protestante. Pero el anhelo de reforma —tal como se dijo— venía ya de atrás y había plasmado en algunas realizaciones de importancia, pese a ser éstas de carácter parcial. Un país occidental aparece como el adelantado de la Reforma católica: la España de los Reyes Católicos. Estos monarcas consideraron la reforma eclesiástica como una parcela esencial de la obra general de restauración del Estado, que fue el norte de su política. El derecho de presentación que los reyes obtuvieron primero para los obispados del reconquistado Reino de Granada, y después prácticamente, para todos los de la Monarquía, les permitió sustraer el episcopado de manos de la nobleza y elegir para obispos a individuos eminentes por su espíritu religioso y su ciencia, provenientes a menudo del clero regular. El cardenal Cisneros reformó los conventos franciscanos y la vida monástica; la Universidad de Alcalá, fundada por él, fue un gran centro de estudios teológicos, que publicó la célebre «Biblia Políglota Complutense», y un activo foco de

humanismo cristiano. La Iglesia española en el primer tercio del siglo XVI era sin duda la de mayor nivel espiritual y científico de Europa, y ello explica el papel preponderante que los teólogos españoles tuvieron en Trento.

2. Las inquietudes de renovación cristiana se daban también por la misma época en Italia. El «Oratorio del Amor divino» surgido entonces, era una fraternidad de ilustrados y piadosos clérigos o laicos. Algunos de sus miembros —Cayetano de Thiene y Juan Pablo Caraffa—, persuadidos de que la elevación del nivel espiritual era requisito indispensable para una auténtica reforma, promovieron la figura de los clérigos regulares, sacerdotes que vivían en comunidad y emitían los tres votos religiosos, pero no usaban hábito ni asistían a coro, como era lo propio de monjes y frailes. Tal fue el origen de la Orden de los Teatinos (1524), la primera de este nuevo género, a la que siguieron los Barnabitas (1534), Somascos, etc. La obra de renovación espiritual del clero y el pueblo, impulsada en España por San Juan de Ávila, es otro capítulo notable de la historia religiosa del siglo XVI.

3. La más importante fundación religiosa del siglo XVI fue sin duda la de la Compañía de Jesús por San Ignacio de Loyola (1492-1556). Ignacio, junto con otros cinco compañeros, hizo en París los votos religiosos y todos se comprometieron a peregrinar a Jerusalén y consagrarse al servicio de las almas (1534). Al no poder pasar a Tierra Santa, Ignacio y sus compañeros acordaron permanecer unidos y ponerse, en virtud de un cuarto voto, a la plena disposición del Papa. En 1540, Paulo III aprobó la «Compañía de Jesús» como una orden de clérigos regulares, cuya finalidad primordial era la propagación de la fe católica y la enseñanza de la doctrina. La Compañía tuvo un rápido desarrollo: contaba con un millar de miembros a la muerte de su fundador, y 13.000 medio siglo más tarde. Los Jesuitas —que así fueron llamados— prestaron servicios de

gran importancia al Pontificado en su obra de Reforma católica, especialmente a través de la formación del clero, la educación de la juventud y las misiones.

4. El impulso de renovación espiritual, que operó a lo largo del siglo XVI, alcanzó también a las antiguas Órdenes. En España, la reforma de los Franciscanos tuvo su figura más representativa en San Pedro de Alcántara, y la de los Benedictinos en el abad García de Cisneros. La reforma del Carmelo fue la epopeya de Santa Teresa de Jesús (1515-1582), y San Juan de la Cruz extendió la «descalcez» a la Orden de varones. En Italia nacieron los Capuchinos, como una nueva rama del tronco franciscano, y la popularidad que alcanzaron fue grande, por su austeridad de vida y su dedicación al ministerio.

5. El acontecimiento central de la Reforma católica fue sin embargo el Concilio de Trento, y su reunión marca la hora en que el Papado tomó por fin la dirección de la empresa renovadora de la Iglesia. No fue fácil llegar a la apertura del sínodo tridentino; quince largos años constituyen un período preconciliar salpicado de vacilaciones, esperanzas y recelos. Las primeras voces pidiendo un concilio sonaron en Alemania, cuando la crisis luterana todavía en pleno desarrollo había abierto ya la sima de la escisión religiosa: un «concilio general, libre, cristiano, en tierra alemana» era el clamor proveniente tanto de católicos como de protestantes. Es explicable que tales demandas suscitasen en Roma graves aprensiones: el concilio, tal como se pedía, presentaba una inquietante nota de ambigüedad y el Pontificado abrigaba temores de un nuevo rebrote de «conciliarismo», con sus pretensiones de superioridad del concilio sobre el papa. Carlos V deseaba ardientemente la reunión del concilio, con la esperanza de que sirviera para rehacer la unidad religiosa del Imperio. Pero esta perspectiva y el fortalecimiento del poder de Carlos que ello supondría, bastaba para que el otro gran monarca católico de Europa, Francisco I de

Francia, en guerra casi continua con el emperador, no sintiera el menor entusiasmo por la convocatoria conciliar.

6. El papa Paulo III (1534-1549) comprendió que un concilio ecuménico constituía el único camino para llevar adelante la reforma de la Iglesia. Y paso a paso fueron superándose no pocos obstáculos que se oponían a su celebración. La elección de Trento para sede del concilio fue una de las soluciones de compromiso a que se llegó en las negociaciones previas: Trento estaba en la Italia del norte; pero era ciudad imperial y cabía esperar que a ella consintieran en acudir los protestantes, que jamás participarían en un concilio celebrado en suelo papal. El propio orden que se debía seguir en los trabajos suscitaba opiniones encontradas: el Papa deseaba que se tratasen ante todo los temas doctrinales, para fijar con precisión el dogma católico en las cuestiones discutidas por los protestantes; el emperador deseaba, en cambio, que se diera preferencia a las cuestiones disciplinares de reforma eclesiástica, esperando satisfacer así a sus súbditos luteranos y facilitar la restauración de la unidad cristiana. El compromiso a que también se llegó fue el tratamiento simultáneo de las dos materias, alternando los decretos dogmáticos y los de reforma. Pero las dificultades no terminaron con la apertura del sínodo; lejos de ello, los incidentes menudearon a lo largo de su celebración y en ocasiones fueron tan graves que hicieron temer por la suerte misma del concilio.

7. No es posible seguir aquí con detalle las incidencias del Concilio de Trento; bastará con recordar los hitos fundamentales de su desarrollo. La inauguración tuvo lugar el 19 de diciembre de 1545, muy tarde, sin duda, para tener serias probabilidades de ser un concilio unionista con los protestantes. El 11 de marzo de 1547, los legados papales, alegando una epidemia, decidieron el traslado del concilio a Bolonia. El verdadero motivo del cambio era el deseo de sustraer la asamblea a la influencia del emperador, cuyas relaciones con el Papa distaban de ser cordiales; baste recordar que la victoria de Carlos sobre los luteranos en Mühlberg fue recibida en la Curia romana con más miedo que alegría. La etapa boloñesa del concilio no contó con la presencia de los obispos súbditos del emperador, que permanecieron en Trento. Finalmente, en enero de 1548, Carlos V presentó una solemne protesta formal que provocó la inmediata interrupción de las sesiones conciliares en Bolonia y por fin la suspensión del concilio en el mes de septiembre de 1549.

8. El concilio abrió su segunda etapa en Trento el 1 de mayo de 1551, bajo el nuevo pontífice Julio III (1550-1555). El emperador consiguió ahora que acudieran a Trento cierto número de delegaciones de príncipes y ciudades protestantes. La presencia de los reformados puso de manifiesto cuán difícil era la restauración de la unidad cristiana, después de más de treinta años de escisión religiosa. En todo caso, la traición al emperador del elector Mauricio de Sajonia obligó a suspender nuevamente el concilio (28-IV-1552). Fue una interrupción que duró diez años, entre los que se cuentan todos los del pontificado de Paulo IV (1555-1559), celoso reformador, pero con otras vías distintas de la conciliar. Hubo que esperar al papa Pío IV (1559-1565) para que el concilio reanudara sus trabajos el 18 de enero de 1562. La tercera etapa tridentina duró dos años escasos y sirvió para llevar a feliz término la gran empresa reformadora: el 4 de diciembre de 1563 fue clausurado el Concilio de Trento y el Papa confirmó todos sus decretos por la bula *Benedictus Deus,* el 26 de enero de 1564.

9. Trento no pudo ser un sínodo unionista; pero fue el gran concilio de la Reforma católica. Su obra fue extraordinaria tanto en el campo doctrinal como en el disciplinar. Dentro del primero, se declaró ante todo que la Revelación divina se ha transmitido por la Sagrada Escritura —interpretada por el Magisterio de la Iglesia— y la Tradición apostólica. El concilio abordó el tema clave de la justificación y, frente a las teologías

luterana y calvinista, declaró que la gracia divina y la cooperación libre y meritoria de la voluntad humana obran en concurrencia la justificación del hombre. El otro tema de índole dogmática tratado por el concilio fue el sacramental, donde tanta confusión habían sembrado los protestantes: se definió la doctrina de los siete Sacramentos y las notas propias de cada uno de ellos.

10. En el plano disciplinar la obra de Trento fue también trascendental. Se procuró con empeño la supresión de los abusos existentes en la vida eclesiástica, con el fin de asegurar la más eficiente cura pastoral del pueblo cristiano. Un episcopado plenamente dedicado a su ministerio, un clero bien formado y de elevada moralidad fueron metas de la legislación tridentina. Se exigió la residencia a obispos y párrocos, se prohibió la acumulación de beneficios, se dispuso la periódica reunión de concilios provinciales y sínodos diocesanos, se urgió la visita pastoral. La formación del clero —tanto intelectual como espiritual— se haría en el seminario que había de existir en cada diócesis; y los sacerdotes en sus respectivas parroquias tenían que impartir la catequesis a los niños y la instrucción religiosa de los fieles. Tal fue, a grandes rasgos, la obra reformadora del Concilio de Trento, una obra que suscita todavía admiración al cabo del tiempo; pero quizá lo más admirable sea comprobar que este gran programa de renovación cristiana no quedó en letra muerta, sino que se hizo realidad viva en la época que siguió a la clausura del concilio.

11. El período que siguió a la celebración del concilio de Trento estuvo marcado por la impronta de la gran renovación de la vida católica que allí se había operado. La reforma fundada en las constituciones y decretos tridentinos se llevó adelante, firmemente impulsada por los papas que se sucedieron en el solio pontificio. Un Catecismo romano, un Misal y un Breviario fueron editados por orden del papa San Pío V (1566-1572). Gregorio XIII (1572-1585) confió a los nuncios el encargo de velar por la ejecución de las normas del concilio, y en Roma, su sucesor, Sixto V (1585-1590), llevó a cabo una completa reorganización de los dicasterios de la Curia encargados del gobierno central de la Iglesia.

12. El espíritu tridentino dio lugar a la aparición de obispos ejemplares que se esforzaron en la aplicación de los decretos conciliares sobre disciplina del clero y de los fieles. El prototipo de ellos fue San Carlos Borromeo, que después de haber sido en plena juventud cardenal secretario de Estado de su tío el papa Pío IV, fue celosísimo arzobispo de Milán. En la ciudad de Roma, San Felipe Neri (1515-1595) contribuyó poderosamente a la renovación de la vida cristiana en los ambientes de la Curia, a través de su obra de dirección espiritual y de la fundación de la Congregación del Oratorio. También en Roma, San José de Calasanz (1557-1648) desarrolló una abnegada labor de educación cristiana de la juventud entre las clases populares y fundó para ello las Escuelas Pías. San Francisco de Sales (1567-1622) difundió la piedad personal —la «vida devota»— entre seglares que vivían en medio del mundo.

13. El Barroco es el estilo artístico de la Reforma católica. Arquitectura, escultura, pintura —todas las bellas artes, en suma— sirvieron de cauce de expresión al Barroco en los territorios donde floreció: España, Italia, los países católicos del centro de Europa y la América hispana. El Catolicismo barroco impregnó también la literatura, y una de sus manifestaciones más notables fueron los «autos sacramentales», piezas teatrales de argumento teológico, buen reflejo del espíritu español del siglo XVII; el hecho de que los «autos sacramentales» fueran comprendidos y gustados por el gran público da prueba del notable grado de instrucción religiosa que tenía aquel pueblo.

14. La Cristiandad había dilatado enormemente sus horizontes ultramarinos, a partir de los descubrimientos geográficos de los siglos XV y XVI. San Francisco Javier había llevado el Evangelio hasta el lejano Japón, y China abrió también sus puertas a los misioneros. Pero fueron las posesiones portuguesas de Asia y África los principales espacios para la acción evangelizadora en estos dos continentes, donde el patronato real fue pieza clave de la organización eclesiástica; igual ocurrió en el Brasil, la gran colonia portuguesa en la otra orilla del Atlántico.

15. El inmenso Imperio español de América y Extremo Oriente era campo privilegiado para el desarrollo de una formidable expansión cristiana. Este campo se hallaba maduro para nuevos avances en la época postridentina, cuando la Monarquía española adquirió además conciencia de ser esencialmente un «Estado misional». La Corona ejercía allí el patronato regio, concedido por Julio II en 1508, y designaba a los titulares de los obispados y otros altos cargos eclesiásticos. La obra de promoción cultural avanzó a la par que la evangelizadora. Bastará recordar que mientras se celebraba el Concilio de Trento, tres universidades impartían enseñanza superior en las Indias occidentales: la de Santo Domingo, fundada en 1538, y las de Lima y México, creadas en 1551 y 1553, respectivamente. El balance de la obra civilizadora de España y Portugal, por grandes que fueran las deficiencias y abusos que pudieron darse, presenta un saldo abiertamente positivo: la población indígena fue respetada y sobrevivió en libertad, recibió la fe y la cultura cristianas, y hoy los cientos de millones de católicos de Iberoamérica y Filipinas constituyen la gran reserva demográfica del Cristianismo y la Iglesia. La creciente importancia concedida también por la Santa Sede a la empresa misionera dio lugar a la creación en 1622 de la Congregación de *Propaganda Fide.*

16. El dinamismo tridentino impulsó también otras acciones, como la constitución —por iniciativa del papa San Pío V—

de la Liga Santa, que llevó a cabo una auténtica expedición de Cruzada contra los turcos y los venció en la batalla de Lepanto. Acción más prolongada fue la reconquista religiosa de una porción considerable de las poblaciones del centro de Europa, que consolidó la presencia del Catolicismo al norte de los Alpes. Las misiones de San Francisco de Sales en el Chablais lograron el retorno a la Iglesia de gran parte de la Suiza francesa. El Catolicismo logró éxitos destinados a perdurar en los países germánicos meridionales —Austria, Baviera— y también en Polonia y Bohemia. El propio final de las guerras de religión en Francia significó que esta nación seguiría siendo católica, pese a la existencia de una minoría hugonote. En el este de Europa, la Unión de Brest (1596) supuso la adhesión al Catolicismo de una parte importante de la jerarquía ortodoxa y fue el origen de la Iglesia «uniata» rutena o ucraniana.

17. Los avances del renovador Catolicismo postridentino fueron favorecidos y alentados por las dos grandes potencias regidas por la Casa de Habsburgo: España y el Imperio. Un Protestantismo a la defensiva temía la reconquista católica de Alemania, y el conflicto —religioso y político a la vez—, cuya chispa fue la elección imperial de Fernando II, acabó en lucha armada. La Guerra de los Treinta Años (1618-1648) fue un conflicto largo y devastador, que redujo a la mitad la población alemana y en la cual las dos potencias católicas estuvieron a un paso de conseguir una completa victoria. Fue entonces, precisamente, cuando la otra gran Monarquía católica de la Europa occidental —Francia— intervino de modo decisivo en la lucha e inclinó la balanza en favor de los príncipes protestantes. Era una Francia gobernada paradójicamente por famosos cardenales —Richelieu († 1642), Mazzarino († 1661)— y hay que reconocer que logró sus objetivos: España perdió la supremacía europea, el Imperio quedó sumamente debilitado y saltó hecho añicos el temido «cerco» de los Habsburgo en torno a

Francia, que pasó a ser, sin discusión, la primera potencia mundial. Pero el precio de estos éxitos, que sancionaron los Tratados de Westfalia, fue altísimo en el plano religioso. El avance de la reconquista católica en Alemania quedó bloqueado y se perdieron las renacidas esperanzas de un retorno a la unidad cristiana. La Europa moderna, que comenzó a existir en Westfalia, nació con el alma dividida; y otra vez el principio *cuius regio eius religio* —cada Estado siga la religión de su príncipe— vino a consagrar la fragmentación confesional de una Alemania compuesta por 343 principados y ciudades. El ideal de la Cristiandad europea quedó definitivamente vencido y abandonado.

Capítulo V

JANSENISMO, REGALISMO
E ILUSTRACIÓN ANTICRISTIANA

El siglo XVII fue un gran siglo francés, también en el orden religioso. Francia, aliada de los protestantes de cara al exterior, pasó en su política interna desde la tolerancia acordada por el Edicto de Nantes a la estricta unidad católica. El Cristianismo francés, pese a las sombras jansenistas, dio pruebas de una admirable vitalidad. La proliferación de las disputas teológicas era a la vez un signo de inquietud religiosa y de inestabilidad espiritual. Desde finales de siglo se deja sentir un profundo cambio en los espíritus. El Deísmo inglés y el Racionalismo francés abrieron el camino a la irreligión de la «Ilustración». El «Regalismo» enfrentó a las monarquías católicas con el Pontificado.

1. En el siglo XVII, Francia sucedió a España como primera potencia europea y la sucedió igualmente como foco principal de la vitalidad cristiana. Las Guerras de Religión habían terminado en un compromiso: Enrique IV se convirtió al Catolicismo, Francia siguió siendo una nación católica y los hugonotes recibieron en el Edicto de Nantes (1598) un estatuto de tolerancia con garantías. Comenzó entonces una época de esplendor religioso, en la que abundaron las grandes figuras. Ya se habló de San Francisco de Sales y su labor de dirección de almas. San Vicente de Paúl (1581-1660) promovió misiones populares, a las que se dedicaron los sacerdotes formados en el Seminario de San Lázaro, «lazaristas», y desarrolló también una intensa actividad benéfica, por medio, sobre todo, de su fundación de las Hermanas de la Caridad. Nacieron nuevas congregaciones religiosas, como la creada por San Juan Bautista de la Salle para la enseñanza, y la orden del Císter fue reformada

129

en sentido rigorista por el abad Rancé, dando así origen a la Trapa.

2. El siglo XVII fue un tiempo de disputas teológicas, buena prueba del interés que suscitaban entonces los temas religiosos; pero los apasionamientos que despertaron parecen también indicio de un estado de latente inestabilidad espiritual. Una cuestión atraía de modo especial la atención de los teólogos: las relaciones entre gracia divina y libre voluntad humana en la justificación del hombre, cuestión ésta que dio lugar a la célebre controversia *de auxiliis*. El Concilio de Trento había declarado que la gracia divina y la libertad humana concurren en la realización de las obras meritorias para la salvación; pero no se había pronunciado sobre el modo de esa cooperación. El padre Luis de Molina (1535-1600) había puesto el acento sobre el papel de la libertad humana en la salvación personal: «Molinismo»; pero sus críticos —y a su frente el padre Báñez— consideraban que esa doctrina no respetaba la omnipotencia y la omnicausalidad divinas. Las rivalidades corporativas contribuyeron a agriar la disputa. Los jesuitas «molinistas» acusaban a los «bañecianos» de proclividades calvinistas; los dominicos «bañecianos», por su parte, consideraban el «Molinismo» como una doctrina semipelagiana, reductora de la acción de la Gracia. La Santa Sede tomó cartas en el asunto y una Congregación especial estudió la cuestión durante nueve años, pero no llegó a un pronunciamiento. Paulo V (1605-1621), aun sin inclinarse en uno u otro sentido, quiso cuando menos terminar con la polémica y prohibió que «al tratar esta cuestión nadie califique a la parte opuesta a la suya o la note con censura alguna». Esta decisión fue la postura definitiva de la Santa Sede, confirmada por Urbano VIII en 1654.

3. La doctrina «molinista» y los tratados de moral defensores del «probabilismo» fueron considerados en ciertos ambientes católicos como favorecedores de un peligroso laxismo. Exponente notorio de una tal actitud fue el famoso *Augustinus* de Cornelio Jansenio, profesor de la Universidad de Lovaina y luego obispo de Iprés († 1638). Jansenio expuso en su tratado una doctrina sobre la Gracia fundada en las más rígidas tesis formuladas por San Agustín en sus controversias con Pelagio, aquellas en que el santo Doctor subrayó hasta el extremo la irresistible fuerza de la Gracia otorgada por Dios a los predestinados y la impotencia del hombre para obtener su salvación. La consecuencia de esa doctrina era una actitud de estricto rigorismo moral y un sentimiento de «temor y temblor» que habría de impregnar las relaciones del cristiano con Dios.

4. Es indudable que la doctrina de Jansenio presentaba una apariencia de seriedad religiosa, que explica el entusiasmo con que fue acogida en ciertos ambientes de Francia donde florecía una intensa vida espiritual. El introductor del Jansenismo en Francia fue el abate de Saint-Cyran, y su gran foco de irradiación, la abadía de Port-Royal, un monasterio de monjas cistercienses, donde una mujer de temple ardiente, la madre Angelica Arnauld, restauró la disciplina e introdujo una rigurosa y severa observancia. El hermano de Angelica —el «gran Arnauld»—, procedente como ella de una familia de la alta Magistratura, y el grupo de los «Solitarios de Port-Royal», con Pascal al frente, completaron la aguerrida tropa jansenista, que durante tres cuartos de siglo fue manzana de discordia para los cristianos de Francia.

5. Es imposible seguir al detalle los avatares de la crisis jansenista. Fue una lucha larga y enconada en la que el bando de los adversarios de Port-Royal tuvo en cabeza a los jesuitas, contra los que Pascal escribió sus famosas «Cartas Provinciales». Las condenas papales del *Augustinus* (1642) y de las «Cinco proposiciones» jansenistas (1653) no pusieron término al conflicto, que se prolongó con diversas alternativas hasta entrado el siglo XVIII. Las violencias antijansenistas de Luis XIV, que

ordenó la demolición de la abadía de Port-Royal (1710) y consiguió de Roma la bula *Unigenitus* (1713), condenatoria de los jansenistas, pusieron punto final a la historia externa del Jansenismo francés, mas no a sus deplorables consecuencias. En Holanda se formó una iglesia jansenista, separada de Roma por el Cisma de Utrecht. Pero lo más grave fue que la crisis del Jansenismo, nacida de un sincero aunque desequilibrado deseo de autenticidad religiosa y rigor moral, terminó por causar grave daño a la Iglesia y contribuyó a crear el estado de espíritu que abrió las puertas a la avalancha irreligiosa del siglo XVIII francés.

6. Contemporánea del drama jansenista fue otra peripecia espiritual de más modestas dimensiones: el Quietismo. Tuvo el Quietismo por autor al sacerdote español residente en Roma Miguel de Molinos (1628-1696), que enseñaba una mística de total pasividad en la entrega a Dios. Recibido ilusionadamente por sus seguidores, tanto en Italia como en Francia, Molinos y el misticismo quietista terminaron por ser condenados por la Iglesia.

Este clima de disputa teológica, tan despierto en el siglo XVII, llegó hasta las propias misiones con ocasión de las controversias sobre los ritos malabares y chinos. En la India, el jesuita padre Nobili, ansioso de lograr conversiones entre los brahmanes, juzgó oportuno adoptar una actitud tolerante frente a usos y costumbres que no le parecían ligados de modo inseparable a la religión pagana. En China, los misioneros jesuitas siguieron una parecida metodología apostólica y trataron de adaptar el Cristianismo a las peculiaridades culturales de aquel pueblo, con el fin de facilitar la penetración del Evangelio. Las principales concesiones giraron en torno al nombre para designar a Dios y la tolerancia para que los católicos chinos siguieran rindiendo los honores tradicionales a Confucio y a los antepasados. Estas licencias parecieron excesivas a otros misioneros y la larga controversia que se entabló terminó con la prohibición pontificia de admitir los famosos «ritos», pese a las desventajas que ello habría de reportar al apostolado misional.

7. Una visión del panorama teológico del siglo XVII resultaría incompleta si no se hiciera memoria de un acontecimiento que ha impresionado mucho más a la posteridad que a los propios contemporáneos: el proceso de Galileo. Como es sabido, sus tesis, que establecían la inmovilidad del Sol y la rotación y traslación de la Tierra, fueron condenadas en 1616 por una comisión de teólogos como filosóficamente absurdas y formalmente heréticas, por parecer contrarias a ciertos pasajes de la Biblia, donde se habla de la quietud de la Tierra y el movimiento del Sol. La condena fue ratificada al comparecer personalmente Galileo ante el Santo Oficio en 1633. El proceso y condena de Galileo —deplorados por el Concilio Vaticano II y el papa Juan Pablo II— se han aducido mil veces como argumento de una pretendida incompatibilidad entre religión y ciencia. Es indudable que los eclesiásticos romanos incurrieron en un grave error al pretender juzgar con métodos teológicos una hipótesis científica, sin respetar la legítima autonomía de la ciencia. Mas extraer de ese desgraciado episodio —como se ha hecho durante siglos— la conclusión de que religión y ciencia son incompatibles constituye una deducción apasionada y arbitraria. Hay que advertir, además, para situar los hechos en su contexto, que Galileo defendía sus tesis con vehemente convicción derivada de la fuerza de su genio; pero que la demostración física de la verdad de esas tesis sólo sería posible siglos más tarde.

8. Los siglos XVII y XVIII fueron en Europa un período de creciente hegemonía de las potencias protestantes: Inglaterra, Holanda, Suecia, Prusia... En contraste, el Protestantismo en el plano religioso sufrió cada vez más las inevitables consecuencias desintegradoras del libre examen, que constituía su sagrado patrimonio: la inestabilidad doctrinal y las divisiones a ultranza. La inmutabilidad del dogma apareció entonces como un argumento aducido

por los apologistas en favor de la verdad del Catolicismo. Bossuet podía, en cambio, escribir una «Historia de las variaciones de las Iglesias protestantes», como prueba de no ser la Iglesia verdadera. Algunos protestantes fueron también conscientes del peligro que encerraba una tal fluidez doctrinal, y el sínodo de Dordrecht (Holanda) redactó en 1688 una profesión de fe ortodoxa, que habrían de suscribir los pastores que quisieran permanecer en el seno de la Iglesia reformada. La fragmentación de las grandes Confesiones protestantes en sectas y grupúsculos fue igualmente una tendencia incontenible. Una sola gran voz se alzó en el seno del Protestantismo, no ya en favor de la unión entre los reformados, sino también con la Iglesia católica, para el retorno a la total unidad de los cristianos: fue la voz ilustre de Leibnitz, que durante más de diez años sostuvo un debate con Bossuet, en busca de puntos de entendimiento para una conciliación cristiana.

9. El absolutismo del Rey Sol, Luis XIV, abrió el camino al Despotismo Ilustrado del Antiguo Régimen europeo. Un ramalazo de particularismo eclesiástico y de puntillosos recelos frente a la Santa Sede sacudió entonces a las monarquías borbónicas y a otras que también tenían a gala reconocer al Catolicismo como única religión del Estado: una religión que sería la competencia propia de una Iglesia concebida poco menos que como un servicio público. Catolicismo oficial, desconfianza hacia Roma e intervencionismo del Estado fueron así los componentes fundamentales del Regalismo monárquico en el siglo XVIII.

10. Luis XIV —ya se dijo— fue el monarca que restableció en su plenitud la unidad católica de Francia, al derogar el Edicto de Nantes y terminar de este modo con la anterior tolerancia hacia los súbditos hugonotes de su reino. Pero ello no fue óbice para que el gran rey entrara en conflicto con la Santa Sede, al pretender extender a todos los obispados y beneficios vacantes los derechos de regalía a favor de la Corona, que el Concordato de 1516 reconocía para algunos de aquellos cargos. Ante la pro-

testa del papa Inocencio XI, el episcopado francés se puso de parte de Luis XIV, y el más ilustre de sus miembros, Bossuet, compuso los cuatro célebres «Artículos orgánicos» (1682), que constituyen la genuina quintaesencia del Galicanismo.

11. Los «Artículos orgánicos» —que habrían de enseñarse en todos los seminarios franceses— negaban al Papa autoridad para desligar a los súbditos del juramento de fidelidad hacia sus príncipes, y formulaban una doctrina restrictiva de los derechos primaciales del Pontificado romano. Los papas, que habrían de respetar las costumbres de las iglesias particulares, estarían subordinados al concilio ecuménico —tal como se pretendió en Constanza, a la hora del Conciliarismo—, y sus decretos en materia de fe sólo serían irreformables tras haber obtenido la conformidad de la Iglesia. El conflicto de las regalías no se resolvió hasta 1693, cuando fue revocada la orden de enseñar los «Artículos» en los seminarios; pero el espíritu galicano se mantuvo vivo en el clero francés durante mucho tiempo.

12. En el siglo XVIII, la tendencia al intervencionismo eclesiástico en el propio país y la hostilidad hacia la Sede romana se extendió a la práctica totalidad de las Monarquías católicas, regidas entonces por gobernantes de formación regalista o inspirados incluso por la ideología anticristiana de la Ilustración. Blanco preferido de la ofensiva antirromana fue la Compañía de Jesús, considerada por sus adversarios como la principal fuerza de que disponía el Papado. Las «reducciones» jesuíticas del Paraguay, la quiebra de los negocios del padre Lavallete en la Martinica y el motín de Esquilache en Madrid fueron aprovechados para esta campaña contra los Jesuitas, a los que se expulsó de Portugal, España, Nápoles y Francia. Finalmente la Compañía fue disuelta por el papa Clemente XIV.

13. En los países germánicos, las doctrinas regalistas de moda dieron origen al «Febronianismo», término derivado de

Febronio, seudónimo usado por Juan Nicolás de Hontheim, obispo auxiliar del príncipe obispo elector de Tréveris. Las tesis expuestas por Febronio en su obra «La constitución de la Iglesia» resucitaban en una parte las viejas doctrinas conciliaristas y atribuían al concilio la supremacía sobre una Iglesia en la que el Papa desempeñaría tan sólo una función de gestión administrativa. Febronio propugnaba además la subordinación de las iglesias a los príncipes y un retorno a la disciplina de una pretendida «Iglesia primitiva». La obra de Febronio, pese a su condena por el Papa, se difundió ampliamente y su influencia no fue ajena a la actitud antirromana adoptada por los tres principales electores eclesiásticos del Imperio, en la segunda mitad del siglo XVIII.

14. El Regalismo prendió también en la Monarquía de los Habsburgo, bajo la forma de Josefismo. La Iglesia —según la mente de José II de Austria— habría de ser una especie de departamento del Estado, encargado del culto y del fomento del orden moral. Todo el régimen eclesiástico tendría que ser regulado minuciosamente por el gobierno: desde el calendario litúrgico a los estudios de los seminarios; desde el régimen de los monasterios a las comunicaciones con la Sede romana. El Sínodo de Pistoya fue un intento del obispo Escipión Ricci de extender las reformas josefistas al Gran Ducado de Toscana, cuyos soberanos pertenecían también a la casa de Habsburgo.

15. «La crisis de la conciencia europea»: tal fue el título de una obra importante, que al medio siglo de la publicación conserva todo su valor. Paul Hazard —el autor— centró su atención en el período 1680-1715, es decir, en los treinta y cinco últimos años del reinado de Luis XIV de Francia: unos años cruciales en que maduró el gran cambio de ideas y de mentalidades que alumbró la Ilustración anticristiana del siglo XVIII. Dos siglos antes, la crisis protestante había roto la unidad espiritual de Europa; pero aquélla fue, todavía, una revuelta religiosa y cristiana. Ahora era el Cristianismo mismo —y aun toda religión positiva— lo que se ponía en entredicho. Hazard, con los ojos puestos en Francia, principal epicentro de este cataclismo, resume con estas palabras aquel portentoso giro ocurrido entre los siglos XVII y XVIII: «la mayoría de los franceses pensaban como Bossuet; y, de repente, los franceses se ponen a pensar como Voltaire». Tratemos de evocar sucintamente los factores desencadenantes de esta metamorfosis de los espíritus, y las consecuencias que se derivaron.

16. El Cristianismo es una religión revelada, con un contenido de verdades de orden sobrenatural a las que el creyente ha de acceder no por la vía de la experiencia directa, sino de la fe. El racionalismo cartesiano —que desempeñó un papel primordial en la formación del pensamiento moderno— proclamaba como principio del discurso humano la duda metódica y el rechazo de todo aquello que no se impusiera con evidente claridad al supremo tribunal de la razón. Cierto es que Descartes (1596-1650) era personalmente católico y excluía de aquella duda metódica la verdad religiosa, pues consideraba que el hombre tiene una certeza segura e inmediata acerca de Dios. Pero el racionalismo posterior no distinguiría y, en buena lógica, al desarrollar coherentemente aquellos presupuestos, acabaría por negar valor al conocimiento fundado en la fe y, por ende, a las verdades religiosas reveladas y al orden sobrenatural.

17. El racionalismo sin atenuantes, al rechazar la Revelación, conducía fácilmente al escepticismo religioso. Nada habría ya seguro, nada cierto; todo lo que antes se creyó firme sería erróneo o problemático: tal venía a ser la conclusión a que llegaba a cada paso la crítica demoledora de Pedro Bayle, en su «Diccionario histórico-crítico». La corriente hedonista de los «libertinos», protagonizada por Saint-Evremont, sacaba una consecuencia que ya habían descubierto sus predecesores de tiempos del profeta Isaías y de San Pablo: «comamos y bebamos, que mañana moriremos» (Is XXII, 13; I Cor XV, 32). Los libertinos adoptaban una postura de displicente despego frente a la religión: eran epicúreos, sin más horizontes que la temporalidad, sin otra ambición que gozar al máximo de las delicias de la vida presente. Los libertinos se colocaban en las antípodas del Cristianismo.

18. La Revelación divina ha sido transmitida por el cauce legítimo de la Sagrada Escritura. La crítica radical de Spinoza contra la Biblia aprovechaba la demolición de ciertas interpretaciones tradicionales —como la relativa a la antigüedad del mundo— para poner en tela de juicio de modo global el valor histórico de los libros revelados. Más aún, se rechazaban incluso los milagros y el orden sobrenatural, poniéndolos en un mismo plano con las leyendas y la superstición. La sustitución de la Religión revelada por una mera religión natural fue entonces la pretensión del Deísmo, que, desde Inglaterra, su patria de origen, se propagó a Francia y Alemania. El Deísmo no negaba a Dios —como el ateísmo—, sino que lo difuminaba y alejaba del hombre. El Dios de los deístas era una construcción racional, a menudo panteísta, al margen de toda Revelación. El Deísmo alumbró la Masonería, cuyas primeras logias se fundaron en Inglaterra a comienzos del siglo XVIII. La Masonería constituyó una sociedad secreta, que rechazaba toda religión positiva —y especialmente el Cristianismo— y fomentaba entre sus miembros la fraternidad y la práctica de la filantropía. La Masonería fue condenada por el papa Clemente XII en 1738 y tuvo una indudable influencia en el desarrollo de la Ilustración.

19. El año 1715 —el de la muerte de Luis XIV— significó en Francia la hora de una ruptura de compuertas que abrió cauce al desbordamiento de las aguas tumultuosas de la irreligión. En las décadas siguientes, los «filósofos» impusieron de modo abrumador su dominio intelectual. Los «filósofos» formaron una auténtica secta, en la cual Voltaire hizo las funciones de pontífice máximo. Voltaire (1694-1778) no fue original en el pensamiento y extrajo sus ideas de los deístas ingleses o de Bayle y Spinoza. No fue tampoco profundo, pero acertó en cambio a ser un divulgador brillantísimo, gracias a la claridad de su estilo y al tono satírico de sus escritos. El odio a toda religión positiva y en particular al Cristianismo constituyó la obsesión constante de Voltaire; para él, la Iglesia católica era «la infame», a la que había que aplastar, y la ambición de su vida fue acabar con la religión cristiana. «Jesucristo —llegó a escribir— necesitó doce Apóstoles para propagar el Cristianismo; yo voy a demostrar que basta uno solo para destruirlo.»

20. El ideario de la Ilustración era también anticristiano por su actitud de rechazo de toda verdad dogmática, que consideraba «a priori» como expresión de intolerancia y fanatismo. La «ortodoxia» constituía para los «ilustrados» objeto de burla, prueba de apocamiento intelectual propio de mentes retrasadas y enemigas del progreso. Ellos, los «espíritus fuertes», tenían a gala el «libre pensamiento» y en el plano político propugnaban la tolerancia indiscriminada a todas las confesiones. La revolución americana causó por ello gran impacto en Francia, y la solución adoptada en los Estados Unidos, donde la Constitución proclamó la separación de Iglesia y Estado y la libertad de cultos, pareció a los «ilustrados» un ejemplo para imitar en la vieja Europa. Hay que advertir, sin embargo, que las motivaciones reales de la tolerancia no eran las mismas en América y en la ideología de los «filósofos». La tolerancia americana se fundaba en el pluralismo de aquella sociedad, donde existía una constelación de credos y confesiones religiosas. La tolerancia que los «filósofos» reclamaban para los pueblos de unidad social católica respondía, en cambio, al principio ideológico del relativismo dogmático.

21. En la segunda mitad del siglo XVIII, la unidad católica de los países latinos de Europa era todavía una realidad en muy extensas áreas sociales. España e Italia sufrieron sólo en pequeña escala la influencia «filosófica». Otra cosa sucedió en Francia, donde el espíritu de «las luces» floreció en los ambientes de la aristocracia y alta burguesía y contagió también a la clase media urbana. Instrumento decisivo para la «popularización» de la ideología «ilustrada» fue la «Enciclopedia» —la primera obra de este género—, proyectada por Diderot y D'Alembert y realizada entre 1751 y 1772 por un equipo de redactores que recibieron el nombre de «enciclopedistas». La «Enciclopedia» tenía una orientación intelectual radicalmente hostil al Cristianismo, cuya pretendida incompatibilidad con las ciencias experimentales o las exigencias de la razón trataba a cada paso de resaltar. El racionalismo naturalista de Juan Jacobo Rousseau (1712-1778) —cuyo vago Deísmo quedó plasmado en su «Profesión de fe del vicario saboyano»— inspiró decisivamente la ideología religiosa del «Enciclopedismo».

22. En la Alemania protestante, la Ilustración tuvo su propia versión en el movimiento de la «Aufklärung». Un Cristianismo «razonable», sin dogmas ni milagros, se perfiló como precedente no lejano del Protestantismo liberal. Emmanuel Kant (1724-1804), el primer pensador alemán de la época, abrió en cambio un inquietante dilema al considerar la religión desde los distintos puntos de vista de la razón pura y de la razón práctica. En el plano especulativo, Kant trató de invalidar los argumentos de razón en favor de la existencia de Dios: «tuve que anular el saber, para reservar un sitio a la fe», escribió. La razón práctica, en cambio, permitiría al hombre alcanzar una certeza inconmovible acerca de la existencia de Dios y la inmortalidad del alma. La influencia de Kant sobre el pensamiento europeo del siglo XIX estaba destinada a ser de excepcional importancia.

23. Como conclusión de todo lo dicho, puede afirmarse que racionalismo, naturalismo religioso —sin misterio ni orden sobrenatural—, crítica negativa de las religiones positivas

y, en especial, del Cristianismo y una actitud generalizada de rebeldía intelectual fueron otros tantos factores que contribuyeron a forjar la mentalidad ilustrada del siglo XVIII. Es cierto que, incluso en Francia, el «espíritu filosófico» fue patrimonio de una reducida minoría dirigente, mientras el pueblo conservaba de modo casi unánime su tradicional religiosidad cristiana. Pero aquella minoría iba a determinar el signo ideológico de la nueva época de la historia europea que comenzaría con el estallido de la Revolución francesa.

QUINTA PARTE

LA IGLESIA
EN LA EDAD CONTEMPORÁNEA

Capítulo I
LA REVOLUCIÓN FRANCESA
Y LA RESTAURACIÓN

La era revolucionaria, abierta en 1789, conmovió los fundamentos políticos y religiosos de Europa. La Revolución francesa, en sus momentos álgidos, trató de eliminar toda huella cristiana de la vida social. Dos papas fueron prisioneros de los gobiernos revolucionarios. Napoleón, restaurador de la Iglesia en Francia, asumió también la herencia del Galicanismo. La Restauración pretendió un retorno al Antiguo Régimen. Muchos católicos, impresionados por la experiencia sufrida, propugnaron una nueva «alianza entre el Trono y el Altar».

1. Durante el cuarto de siglo comprendido entre los años 1789 y 1815, Francia estuvo en el primer plano de la vida del mundo. Ese período, que corre desde la reunión de los Estados Generales hasta la caída del Imperio napoleónico, fue también trascendental para los destinos del Cristianismo y la Iglesia. Y Francia, que había desempeñado un papel preeminente en la gestación de la ideología revolucionaria, una vez estallada la Revolución siguió siendo protagonista de su historia. Tratemos de rehacer las líneas fundamentales de la época, desde el punto de vista cristiano, que es el que aquí interesa.

2. Es bien sabido —aunque suene a paradoja— que la Revolución francesa comenzó con una solemne procesión; la presidió el rey Luis XVI, y los representantes de los tres estados, cirio en mano, acompañaron devotamente al Santísimo Sacramento. Esto sucedía el 4 de mayo de 1789, al abrirse los Estados Generales; pero, a las pocas semanas, el decorado había cambiado radicalmente y el proceso revolucionario avanzaba

incontenible, tanto en el orden político como en el religioso. El 4 de agosto, en una memorable «sesión patriótica» de la Asamblea Nacional, el clero y la nobleza renunciaron a sus privilegios tradicionales. El 10 de octubre, a propuesta de Talleyrand, entonces obispo de Autun, la Asamblea Constituyente decretaba la secularización de todos los bienes eclesiásticos. Estos bienes acabaron pronto en manos particulares y constituyeron la base económica de la nueva burguesía francesa.

3. Desde 1790, el proceso revolucionario se radicalizó, adoptando una actitud cada vez más agresiva hacia la Iglesia. El 13 de febrero se decidió la supresión de los votos monásticos, y el 12 de julio la Asamblea aprobó la «Constitución civil del clero», que subvertía de raíz la organización eclesiástica. Surgía una Iglesia galicana, al margen de la autoridad pontificia, de estructura episcopalista y presbiteriana, donde los obispos y los párrocos eran elegidos por el pueblo y los nombramientos episcopales serían solamente notificados a Roma. La Asamblea exigió a los sacerdotes juramento de fidelidad a la Constitución política, dentro de la cual estaba incluida la mencionada «Constitución civil». El papa Pío VI prohibió el juramento y excomulgó a los sacerdotes que lo prestaron (12-III-1791). Un cisma se abrió así entre curas «juramentados» y curas «no juramentados», que se convirtieron legalmente en individuos suspectos. La Asamblea Legislativa, que sucedió a la Constituyente, decretó el 27 de mayo de 1792 la deportación de los sacerdotes «no juramentados»; en septiembre, la Convención sustituyó a la Asamblea Legislativa y comenzaron las matanzas de sacerdotes. Abolida la Monarquía, se proclamó la República y Luis XVI fue ajusticiado el 21 de enero de 1793.

4. Los años 1793-1794 representaron la fase más trágica del período revolucionario. Bajo el Terror, la persecución anticatólica alcanzó su punto álgido. Muchos miles de víctimas murieron en el patíbulo y se intentó borrar de la vida francesa

toda huella cristiana. Hasta el calendario fue sustituido por un calendario «republicano». La entronización de la «Diosa Razón» en la catedral de Notre-Dame (10-XI-1793) y la institución por Robespierre del culto al «Ser Supremo» fueron otros tantos episodios de la obra descristianizadora, que tuvo una de sus expresiones en el furor iconoclasta, que dejó una huella —bien visible todavía hoy— en tantas viejas iglesias y catedrales de Francia. Los años siguientes registraron alternativas de distensión y renovada persecución religiosa. Ésta se recrudeció bajo el Directorio jacobino (1797-1799), cuando los franceses ocuparon Roma y se proclamó la República romana. El papa Pío VI, anciano y enfermo, fue deportado a Siena, Florencia y, finalmente, a Francia. El 29 de agosto de 1799, en la ciudadela de Valence-sur-Rhône, falleció Pío VI a los ochenta y un años de edad. Algunos revolucionarios exaltados proclamaron a los cuatro vientos que había muerto el último papa de la Iglesia.

5. El 9 de noviembre de aquel mismo año, el golpe de Estado del 18 Brumario elevó a Napoleón Bonaparte a la magistratura de primer cónsul. Cuatro meses después —el 14 de marzo de 1800— el Cónclave reunido en Venecia elegía al cardenal Chiaramonti como papa Pío VII. Dos grandes personalidades irrumpirían así en el escenario de la historia, de la que fueron principales forjadores durante los tres primeros lustros del siglo XIX. Napoleón, pragmático y realista, era consciente del arraigo de la fe cristiana en el pueblo francés, que no había logrado destruir la tormenta revolucionaria. Pío VII, por su parte, deseaba ardientemente la normalización de la vida de la Iglesia en Francia. Un nuevo Concordato sería el instrumento adecuado para regular las relaciones entre el Pontificado y la República francesa, que pronto se transformaría en Imperio. El Concordato se firmó el 17 de julio de 1801 y una de sus consecuencias fue la creación de un nuevo episcopado, tras la renuncia de los obispos «constitucionales» y también de los «le-

147

gitimistas», que habían emigrado al extranjero. Por decisión unilateral y sin consultar a la Santa Sede, Napoleón promulgó, junto con el texto del Concordato, los «Setenta y siete Artículos orgánicos», que recogían el espíritu —y en ocasiones la letra— de los viejos «Artículos» galicanos, impuestos por Luis XIV en 1682.

6. El Concordato tuvo, sin duda, consecuencias favorables para la Iglesia: permitió una restauración de la vida cristiana en Francia, favorecida por la renovación del sentimiento religioso, propia del primer Romanticismo, reacción apasionada contra el seco racionalismo de la Ilustración. «El genio del Cristianismo», de Chateaubriand (1802), refleja fielmente un tal estado de espíritu. El Concordato hizo también posible la apertura de seminarios sostenidos por el Estado y la consiguiente formación de un nuevo clero; el criterio de Napoleón fue en cambio muy restrictivo con respecto a las órdenes religiosas. Hay que advertir, por otra parte, que durante la época napoleónica tomó cuerpo en Francia un partido o un grupo de opinión claramente opuesto al Cristianismo y a la Iglesia, integrado por gentes de diversa extracción: propietarios de antiguos bienes eclesiásticos, funcionarios públicos, militares profesionales, intelectuales del Instituto de Francia y obreros del incipiente proletariado urbano. Estos sectores de opinión de signo anticristiano integraron una poderosa fuerza que se enfrentaría con la Iglesia a lo largo de todo el siglo XIX.

7. Llegó pronto la hora en que Napoleón intentó hacer de la Iglesia y del propio Pontificado instrumentos al servicio de sus intereses políticos, y entonces tropezó con la serena, pero resuelta, resistencia del Papa. El conflicto con Pío VII surgió cuando el emperador quiso que el Papa se uniera al bloqueo continental contra Inglaterra, decretado en noviembre de 1806. Ante la negativa del Pontífice, Napoleón reaccionó con violencia: los Estados Pontificios fueron anexionados y se de-

claró a Roma segunda capital del Imperio. Pío VII, reducido a prisión, fue deportado a Savona (6-VII-1809) y, ante su negativa a sancionar los decretos de un pseudoconcilio reunido en París (1811), Napoleón ordenó su traslado a Francia, donde se le asignó como residencia el palacio de Fontainebleau. En 1814, Pío VII recuperó la libertad, y el 7 de junio de 1815 retornaba definitivamente a Roma. Once días más tarde —el 18 de junio— un nuevo nombre se incorporaba a la historia universal: Waterloo.

8. La Restauración pretendió el retorno de Europa al Antiguo Régimen y —si posible fuera— borrar de su historia el último cuarto de siglo. El Cristianismo y la Iglesia habían sufrido una prueba muy dura y llevaban la marca de las heridas causadas por obra de la Revolución. ¿Podrá acaso sorprender que esa Iglesia considerara la terminación del período revolucionario como el final de una pesadilla y saludase como una liberación la vuelta de los «buenos viejos tiempos»? La «alianza del Trono y el Altar», fundada en la creencia de que, apoyados el uno en el otro, se aseguraba su fortaleza, fue el ideal en que soñaron entonces muchos católicos. Pero, por suerte o por desgracia, la Restauración iba a ser efímera, y tras las tentativas del año 1820 en España y Portugal, Nápoles y Piamonte, a partir de 1830, el dinamismo de la burguesía puso de nuevo en marcha el proceso revolucionario.

Capítulo II
CATOLICISMO Y LIBERALISMO

La Restauración se frustró y el siglo XIX fue el siglo del Libera-
lismo, ideología de la Revolución burguesa. ¿Sería posible llegar a
un entendimiento entre Catolicismo y Liberalismo? ¿Convenía a
la Iglesia un régimen de simple libertad, sin la protección del Es-
tado ni el reconocimiento de sus privilegios tradicionales? ¿Debían
tener la verdad y el error los mismos derechos en la vida pública?
Estos y otros interrogantes recibieron distintas respuestas por parte
de los católicos de una época marcada, además, por el auge de los
nacionalismos, que amenazaban directamente a los Estados de la
Iglesia. El Pontificado de Pío IX cubrió toda una época.

1. La Restauración terminó en fracaso, y el siglo XIX pasó a
la historia como el siglo del Liberalismo. La Revolución de
1830 puso fin al Antiguo Régimen en Francia; en España, su
desaparición sobrevino tras la muerte de Fernando VII, en el
reinado de Isabel II. La Revolución de 1848 fue un violento
seísmo que sacudió a la mayor parte de Europa y supuso un ulterior avance en la configuración de la nueva realidad social y
política. La victoria del Liberalismo se dejó sentir en todos los
órdenes de la vida. Aquí procede examinarla únicamente en
aquellos aspectos que se relacionaron de modo más directo con
el Cristianismo y la Iglesia.

2. El Liberalismo tenía una doctrina política y económica;
pero se fundaba además en una ideología, que enlazaba con el
pensamiento ilustrado del siglo XVIII. Una concepción antro-
pocéntrica del mundo y de la existencia constituía la base de
esa ideología liberal. Para ella, los hombres no sólo serían libres

e iguales, sino también autónomos, es decir, desvinculados de la ley divina, que no era reconocida socialmente como norma suprema. La libertad de conciencia y pensamiento, de asociación y de prensa, serían derechos inalienables de las personas; y frente a la doctrina cristiana tradicional, según la cual el poder procede de Dios, el Liberalismo lo hacía derivar del pueblo, que sería fuente de toda legitimidad. Ninguna diferencia hacía la doctrina liberal entre la religión verdadera —el Cristianismo— y las demás religiones. La religión era —para el Liberalismo— asunto que incumbía tan sólo a la intimidad de las conciencias, y la Iglesia, separada del Estado —«Iglesia libre en Estado libre»—, quedaría al margen de la vida pública y sujeta al derecho común, como cualquier otra asociación.

3. La ideología liberal contenía, sin duda, elementos de genuina raigambre cristiana, pero mezclados con otros de origen muy diverso, que favorecían la secularización de la vida social, el naturalismo religioso y, en última instancia, el ateísmo o la indiferencia. Es fácil de comprender que muchos cristianos rechazaran de plano una tal ideología y que, aleccionados por las recientes experiencias revolucionarias, se inclinaran en favor de las posturas tradicionalistas, que postulaban el respeto a los derechos de Dios y de la Iglesia en la vida social. Estos católicos antiliberales simpatizaban con los gobiernos contrarrevolucionarios que subsistían todavía en Europa, continuadores, al menos en parte, del Antiguo Régimen y que reconocían a la Iglesia un lugar de privilegio en la sociedad.

4. Hacia el año 1830 tomó cuerpo un grupo de «católicos liberales», formado en Francia en torno a la revista «L'Avenir», bajo la dirección de Félicité de Lamennais. Frente a la postura tradicionalista, ampliamente mayoritaria entre el pueblo cristiano, estos católicos defendían una conciliación —no tanto teórica como práctica— de la Iglesia con el Liberalismo, persuadidos de que éste era el signo de la hora presente del mundo,

y la Iglesia no podía cumplir su misión específica en un determinado medio histórico sin estar en armonía con él. «Dios y libertad» fue el lema del Catolicismo liberal, y su sentido era que la aceptación y defensa de la libertad para todos y en todas sus formas constituía la mejor credencial para asegurar en la sociedad moderna el respeto a la autoridad de Dios y a los derechos de la Iglesia.

5. Los «católicos liberales» fueron inicialmente «ultramontanos», y en Francia rechazaban el Galicanismo; miraban «más allá de los montes», hacia Roma, y mostraban devoción al Papado, clave de arco de la Iglesia universal. Pero la respuesta de Roma fue contraria a las aspiraciones del Catolicismo liberal. La Encíclica *Mirari vos* de Gregorio XVI (15-VIII-1832) condenó el programa del grupo de «L' Avenir» en varios de sus puntos fundamentales: la igualdad de trato a todas las creencias, que conducía —afirmaba el Papa— al indiferentismo religioso; la separación completa entre Iglesia y Estado, la libertad de conciencia, las libertades ilimitadas de opinión y de prensa. La reprobación pontífica fue seguida por la defección de Lamennais, que abandonó el sacerdocio y la Iglesia. Muy distinta fue la reacción de sus principales colaboradores, que se mantuvieron fieles a la Iglesia: Lacordaire fue el restaurador de la Orden dominicana en Francia; otros, como Montalembert y Falloux, profesaron un liberalismo mitigado y defendieron con ahínco la libertad de enseñanza.

6. Cristianismo católico y Liberalismo se encontraron también en otro terreno, que se prestaba según los casos a afinidades o divergencias. La explosión de sentimientos nacionales, favorecida por la política liberal, promovió en distintos países de Europa la emancipación de poblaciones católicas, sometidas al dominio de príncipes de otra confesión. Los liberales aplaudieron los reiterados alzamientos de la católica Polonia contra la opresión de la Rusia de los zares. La Revolución de 1830 dio

pie a una alianza entre católicos y liberales belgas, que lograron sustraer a Bélgica del dominio de la calvinista Monarquía holandesa y dotaron al nuevo reino de una Constitución liberal. O'Connell, en nombre de la libertad civil y religiosa, obtuvo sustanciales progresos en la emancipación del pueblo irlandés, bajo dominación británica, y en la propia Inglaterra las reformas liberales mejoraron la situación de los católicos, poniendo término a muchas viejas discriminaciones por motivos religiosos. Todas estas consecuencias beneficiosas que los movimientos nacionales de inspiración liberal tuvieron para diversos pueblos católicos, no podían, sin embargo, hacer olvidar los peligros que esos mismos movimientos entrañaban en otras partes de Europa, entre ellas en un territorio vinculado muy especialmente a la Sede Apostólica: la Península de Italia, enfebrecida por el «Risorgimento» y cuyo camino hacia la unidad nacional pasaba por la desaparición de los Estados Pontificios y la conversión de la Roma papal en la capital del Reino de los Saboya.

7. El cuadro histórico de la época del encuentro entre Cristianismo y Liberalismo quedaría incompleto si se hiciera abstracción de las actitudes intelectuales de signo antirreligioso, que están en la raíz de los ataques contra la concepción cristiana del hombre y del mundo, renovados con virulencia tras el período contrarrevolucionario. El Positivismo de Augusto Comte consideraba que, en la nueva era de la historia humana, superados definitivamente los estadios teológicos y metafísicos, el hombre se interesaba sobre todo por los fenómenos, por el «cómo» de las cosas y los hechos, y no por los estériles «¿por qué?» de otras edades. El Positivismo conducía al Cientifismo —verdadera religión sin trascendencia—, que habría de suplantar al Cristianismo, desvelando todo misterio, «explicando» la realidad y deparando felicidad al hombre y progreso ilimitado a la humanidad. El Positivismo y el Idealismo del

gran filósofo alemán Hegel estarían en la base del materialismo de Feuerbach, tan próximo al Marxismo.

8. Todas estas doctrinas sirvieron de base a una ofensiva generalizada contra el Cristianismo en el terreno de la ciencia, y en particular de las ciencias naturales. Pero también el propio campo de las ciencias sagradas se transformó en palestra de lucha anticristiana. La crítica de la historicidad de la Sagrada Escritura o su vaciamiento de contenido sobrenatural llevaron a Strauss hasta la negación de la existencia de Cristo, y movieron a Ernesto Renan —menos osado, pero más sutil— a escribir una célebre «Vida de Jesús», de un Jesús que no sería ya Dios, aunque fuera el más noble de los hijos de los hombres. Es evidente que el clima intelectual y político del tiempo de Pío IX estaba preñado de amenazas y deparó a la Iglesia no pocas desventuras en cuestiones temporales. Pero la renovada vitalidad cristiana que por entonces pudo también advertirse es buena prueba de que todos los tiempos son tiempos de Dios, a pesar de los hombres y de las propias apariencias externas.

9. Treinta y dos años —desde 1846 a 1878— duró el pontificado de Pío IX, el más largo de la historia de los papas. Cuenta la fama que, en la ceremonia de la coronación, cuando el cardenal protodiácono pronunció la fórmula tradicional «Santo Padre, no alcanzarás los días de Pedro», Pío IX respondió con viveza: «esto no es de fe». Y, en efecto, los años del papado de Pío IX superaron con creces a los que suelen atribuirse al pontificado de San Pedro. Un período tan largo, en el corazón del siglo XIX, autoriza por tanto a hablar de la época de Pío IX como de un capítulo bien diferenciado de la historia cristiana. Un capítulo que comprende, precisamente, la transición desde las postrimerías del Antiguo Régimen a la consolidación del mundo liberal.

10. «Lo habíamos previsto todo, menos un Papa liberal.» Éstas son las palabras con que el príncipe de Metternich, primer ministro del Imperio austríaco y artífice de la Santa Alianza, había saludado la elección de Pío IX. Pero el «liberalismo» de Pío IX sería, en todo caso, una muestra más de las confusiones a que se prestaba un término tan ambiguo. El nuevo Papa era, en efecto, un hombre liberal, pero en el sentido de quien practica la virtud de la liberalidad, y no en el de secuaz de las doctrinas del Liberalismo. Pío IX era persona cordial, generosa, magnánima, que no vaciló en adoptar desde primera hora una serie de reformas progresivas en los Estados Pontificios: amnistía política, mejoras en las Administraciones públicas y hasta una Constitución y un gobierno con un primer ministro civil. Estas reformas levantaron en torno al Pontífice una inmensa oleada de popularidad. Pío IX fue aclamado por doquier, y los «neogüelfos», como Gioberti o D'Azeglio —católicos liberales nacionalistas—, pensaron que bajo su égida se haría realidad la unidad italiana auspiciada por el «Risorgimento».

11. Como era de prever, el equívoco no tardó en deshacerse. Pío IX —italiano de corazón— rehusó, sin embargo, encabezar una liga nacional para hacer la «guerra santa» contra los austríacos, que dominaban el norte de la Península. Con rapidez vertiginosa, el clima popular se degradó y a las aclamaciones sucedieron las invectivas. En noviembre de 1848, Pelegrino Rossi, primer ministro pontificio, murió apuñalado a las puertas del Parlamento por los sicarios de la «Joven Italia». En febrero de 1849, Mazzini proclamó la República romana y el Papa hubo de huir disfrazado y refugiarse en Gaeta, plaza militar segura del vecino Reino de Nápoles. Cuando regresó a Roma, en abril de 1850, bajo la protección de las tropas francesas, Pío IX venía hondamente impresionado por las amargas experiencias sufridas. Desde entonces, el Liberalismo apareció ante sus ojos como un movimiento al que tenía el sagrado deber de oponerse, porque perseguía un ideal no cristiano, y en

Italia trataba, además, de arrebatar a la Santa Sede los Estados Pontificios.

12. Veinte años —desde 1850 a 1870— duró la defensa —y la agonía— del Poder temporal de los papas. Paso a paso, nuevos jirones de los Estados de la Iglesia fueron cayendo en manos del Reino piamontés, en trance de convertirse en Reino de Italia. En 1870, el estallido de la guerra franco-prusiana provocó la retirada de Roma de la guarnición francesa y, tras ella, la toma de la ciudad por los soldados de Víctor Manuel II, que hicieron de la Urbe católica la capital de la nueva Italia. Entretanto, el Papa se recluía como voluntario prisionero en el Vaticano, rechazando la «ley de Garantías» que se le ofreció, y se abría una «cuestión romana», que tardó sesenta años en resolverse.

13. Es posible que muchos hombres de hoy, a la vista de la presente situación del Pontífice en el mundo, no terminen de comprender el empeño puesto por Pío IX en la defensa del Poder temporal. Pero la historia se falsea cuando no se acierta a contemplar los hechos desde el punto de vista de sus protagonistas. Pío IX defendió sus derechos hasta el final porque estos derechos eran para él un precioso legado que había recibido de sus predecesores en el Pontificado. Y, con mayor razón aún, porque aquellos Estados, con más de mil años de existencia, se consideraban entonces como condición indispensable para garantizar la independencia de los papas en el gobierno de la Iglesia universal.

14. La postura de la Iglesia ante los principios «liberalistas» fue fijada por Pío IX en la Encíclica *Quanta cura*, de 8 de diciembre de 1864. La Encíclica llevaba como anexo el *Syllabus*, relación de 80 proposiciones en que se resumían los «errores modernos», cada uno de los cuales era objeto de una expresa condena. El documento no encerraba novedades sustanciales,

ya que todos los errores habían sido denunciados previamente en anteriores textos del Magisterio. Lo nuevo era ahora la forma y el acento más rotundo que parecían tener aquellas proposiciones extraídas de sus anteriores contextos y puestas una tras otra, a manera de impresionante silabario. El *Syllabus* anatemizaba la absoluta autonomía de la razón, el naturalismo religioso, el indiferentismo, el materialismo, los ataques contra el matrimonio y la defensa del divorcio, etc. La última proposición del documento, que rechazaba el pretendido deber del romano pontífice de reconciliarse con el progreso y la «civilización moderna», hizo rasgarse las vestiduras a los críticos liberales y enardeció el entusiasmo de los católicos tradicionales.

15. El Pontificado de Pío IX, más allá de las contradicciones exteriores y los avatares de los tiempos, fue una época de claro florecimiento de la vida interna de la Iglesia. Las antiguas órdenes religiosas —como los Benedictinos de dom Guéranguer; los Dominicos, impulsados por Lacordaire, y los Jesuitas, restaurados por Pío VII— crecieron y se propagaron de modo considerable; y nacieron nuevas congregaciones religiosas, alguna de ellas tan importantes como los Salesianos de dom Bosco. El estado del clero mejoró también sensiblemente, como lo acreditaba el aumento de vocaciones sacerdotales y la renovada observancia disciplinar, manifestada visiblemente en la vuelta al uso generalizado del hábito eclesiástico. Entre este clero secular, el Cura de Ars, San Juan María Vianney, es un ejemplo de santidad heroica en la persona de un humilde párroco de aldea. Los simples fieles dieron igualmente vida a nuevas iniciativas apostólicas y benéficas, entre las que sobresalieron las «Conferencias de San Vicente», creadas por Federico Ozanam.

16. Un poderoso impulso espiritual animó, pues, a la Cristiandad del siglo XIX, a la misma hora en que los embates anti-

rreligiosos azotaban los muros de la Iglesia. Este impulso suscitó en el seno del Anglicanismo una notable aventura religiosa —el «Movimiento de Oxford»—, que condujo a los mejores espíritus, ansiosos de autenticidad cristiana, a sus genuinos orígenes, esto es, a las puertas de la Iglesia. Algunos de esos hombres no avanzaron más; pero otros dieron el paso decisivo y franquearon el umbral del Catolicismo: Henry Newman fue recibido en la Iglesia (1845), y tanto él como su compatriota Manning —también converso— recibieron más tarde la púrpura cardenalicia. El impulso espiritual, que produjo en el seno de la Iglesia católica los abundantes frutos recordados más arriba, tuvo dos manifestaciones de singular importancia, que dan la medida de la profunda dimensión religiosa del pontificado de Pío IX: la definición del dogma de la Inmaculada Concepción (8-III-1854) —seguida a los cuatro años por las apariciones de Lourdes— y la reunión del Concilio Vaticano I (1869-1870). Este concilio, pese a su brevedad, impuesta por las circunstancias políticas, aprobó dos resoluciones de excepcional importancia: el dogma de la infalibilidad pontificia y la Constitución *Dei Filius,* donde se formuló la doctrina de la Iglesia sobre la cuestión religiosa medular del siglo XIX: el problema de las relaciones entre la fe y la razón.

17. A la hora de hacer balance de la época de Pío IX, un observador pendiente tan sólo de los aspectos temporales y de los acontecimientos políticos consideraría, sin duda, que el saldo fue claramente negativo: el Papa perdió los Estados Pontificios, los cantones católicos suizos fueron vencidos por los protestantes en la guerra del «Sonderbund» (1847) y los últimos años de Pío IX se vieron ensombrecidos por la violencia anticlerical y los ataques del «Kulturkampf» de Bismarck contra los católicos alemanes. Y, sin embargo, considerados en su plena y auténtica dimensión, los tiempos de Pío IX fueron netamente positivos para el Cristianismo y la Iglesia, y abrieron

el período histórico del Pontificado moderno. Una importancia trascendental tuvo el fenómeno inédito del «acercamiento» entre el Papa y el pueblo de Dios, hecho posible por el desarrollo de las comunicaciones —ferrocarriles, barcos a vapor— que facilitó el viaje a Roma a multitudes de católicos de toda procedencia. Gracias a ello, y a la rapidez en la transmisión de noticias mediante el telégrafo, el Papa dejó de ser un personaje remoto: se hizo próximo y asequible y sus mismos infortunios y desgracias le acercaron todavía más al corazón de los fieles. Se ha dicho, con razón, que Pío IX fue el primer Papa «querido» de la historia moderna. Por primera vez los católicos miraron y amaron al Papa como a un padre, y su litografía presidió como un retrato familiar los hogares cristianos de toda la tierra.

Capítulo III

LA IGLESIA ANTE LAS NUEVAS
REALIDADES SOCIALES

El siglo XIX presenció también una notable transformación de las realidades sociales. El auge del Capitalismo, la revolución industrial y la creación de los proletariados urbanos provocaron la aparición de un «problema social», desconocido hasta entonces. Ideologías de signo anticristiano, como el Marxismo y el Anarquismo, propugnaron nuevos modelos de sociedad e influyeron poderosamente en los movimientos obreros. El papa León XIII propuso un programa cristiano para el nuevo mundo del trabajo.

1. El Liberalismo del siglo XIX tuvo una ideología política y una doctrina económica. Su grave carencia fue la falta de una preocupación social. Y, sin embargo, la «cuestión social» era un hecho patente y constituía una de las mayores novedades históricas de aquella centuria. La revolución industrial había dado lugar —como es sabido— a la formación de una nueva clase obrera —un «proletariado»—, concentrado en los suburbios fabriles de las grandes urbes. La situación de esta clase obrera, en una época de absoluto predominio del capitalismo liberal, fue en sus orígenes deplorable: jornadas laborales agotadoras, jornales escasos, trabajo infantil, viviendas insalubres fueron algunos de tantos abusos que hubieron de sufrir los obreros, y algunos de los aspectos más oscuros que presentaba a mediados del siglo XIX la llamada «cuestión social».

2. El problema social suscitó lógicamente reacciones dirigidas a luchar contra aquella situación de injusticia. El Anarquismo, uno de cuyos principales autores fue el ruso Miguel Bakunin, propugnaba la acción violenta, para terminar con el Estado y una ordenación social injusta. Diversos sistemas «socialistas», ideados por doctrinarios como Saint-Simon, Fourier o Proudhon, quedaron pronto eclipsados por el socialismo «científico» de Carlos Marx —el «Marxismo»—, cuyo contenido ideológico no es éste el momento de examinar. Desde el punto de vista cristiano, que es el que aquí importa, ha de recordarse que el Marxismo, fundado sobre el materialismo histórico y la dialéctica de la lucha de clases, se manifestó opuesto a toda religión, considerada por él como una alienación —«opio del pueblo»—, y mostró particular hostilidad hacia la religión católica. El ateísmo o —mejor todavía— el antiteísmo marxista ha sido un poderoso agente de descristianización de las clases trabajadoras —y aun de toda la sociedad— en muchos lugares de la tierra.

3. El proletariado, asentado a la vera de las grandes ciudades, estaba constituido en buena parte por inmigrantes procedentes de los medios rurales, que mudaron su vida de campesinos por la de obreros industriales. Esta transformación había implicado para ellos el abandono de pueblos y aldeas —donde tenían vinculaciones familiares y arraigo social— y su incorporación a las masas despersonalizadas de la nueva clase obrera. En el aspecto religioso, este cambio tuvo a menudo consecuencias negativas. La población rural y los artesanados urbanos estaban integrados desde mucho tiempo atrás en las estructuras pastorales de la Iglesia, y su atmósfera se hallaba impregnada por las tradiciones de la sociedad cristiana. Nada de eso ocurría en los suburbios, donde se hacinaban las concentraciones humanas del nuevo proletariado. Los obreros industriales sufrieron el impacto de las doctrinas anarquistas y marxistas, que trataron de instrumentalizarse como vanguardia de la lucha revolucionaria y en varios países les imbuyeron sentimientos hostiles a la Iglesia y al Cristianismo.

4. Desde la primera mitad del siglo XIX, la cuestión social sensibilizó a algunos católicos, dando lugar a iniciativas gene-

rosas dirigidas a paliar tantas miserias por la vía de la caridad y la beneficencia. Pero tardó en producirse una toma de conciencia generalizada por parte de los cristianos ante el fenómeno del nacimiento de la nueva clase obrera. Fueron ciertos países no latinos, menos afectados por el fenómeno anticlerical, los que registraron antes una presencia activa de la Iglesia en el mundo laboral. Así, en los Estados Unidos de América e Inglaterra, donde existía una numerosa población trabajadora de irlandeses católicos, el asociacionismo sindical no tuvo raíces marxistas, sino cristianas. Un símbolo de esta situación fue la resuelta intervención del cardenal inglés Manning, con ocasión de una famosa huelga de obreros portuarios (1889). En 1864, el obispo alemán Von Ketteler, de Maguncia, con clara visión de futuro, había ya urgido a «resolver el gran problema presente, la cuestión social».

5. El Concilio Vaticano I había reunido abundante documentación acerca de la cuestión social, con la intención —que el brusco final impidió realizar— de ocuparse del tema. Fue el papa León XIII quien lo hizo, en la Encíclica *Rerum Novarum*. El Papa era consciente de la gravedad del problema y de la necesidad de una acción eficaz de los cristianos. El asociacionismo era el procedimiento más adecuado para la defensa de los intereses de los trabajadores. «Oponed asociaciones populares cristianas a las socialistas —escribía el pontífice en 1889 al cardenal Manning— ...salid de las sacristías, id al pueblo». Dos años más tarde (15-V-1891) se publicó la célebre encíclica social, que rechazaba por principio la dialéctica de la lucha de clases y pedía a patronos y obreros una armónica colaboración para el desarrollo de la nueva sociedad. El Papa proclamaba el carácter social tanto de la propiedad como del salario justo, y exhortaba al Estado a abandonar la postura de mero espectador —preconizada por el Liberalismo— y a controlar las relaciones económicas, sin caer en el dirigismo socialista. La *Rerum*

Novarum terminaba proponiendo la creación de asociaciones obreras de inspiración cristiana. El pontificado de León XIII fue el punto de partida del Catolicismo social, dentro del cual se perfilaron pronto una tendencia corporativista y otra, más politizada, de orientación democrático-progresista.

6. León XIII mantuvo íntegramente el *non expedit* formulado por Pío IX a raíz de la desaparición de los Estados Pontificios, que vedaba a los católicos italianos toda suerte de actividad política. Pero, en los demás países, el Papa se esforzó por superar el inmovilismo de anteriores posturas defensivas con una inteligente acción diplomática, que acrecentó el prestigio de la Santa Sede y apaciguó viejos conflictos. Así ocurrió en las relaciones con Alemania, donde se puso fin al «Kulturkampf» y el Imperio se avino a someter al arbitraje pontificio su contencioso con España, a propósito de los archipiélagos de las Carolinas y las Marianas. Pero fue en lo tocante a las relaciones con Francia donde las orientaciones de León XIII marcaron un giro de particular importancia.

7. Tras la caída del II Imperio, se frustró en Francia la restauración de la Monarquía borbónica. La Tercera República fue consolidándose paso a paso, de la mano de un creciente partido republicano que, a partir de 1877, dominó en la vida política. El republicanismo francés era profundamente hostil a la Iglesia: «El clericalismo, ¡ése es el enemigo!», fue el grito de guerra de Gambetta. Los republicanos franceses —muy influidos por la ideología de la «Liga de la Enseñanza»— tenían como objetivos primordiales la lucha contra las «congregaciones religiosas» y la implantación de la «escuela laica», hecha realidad en 1882 por Jules Ferry, desde un Ministerio de Instrucción Pública llamado por él en alguna ocasión «ministerio de las almas». Los católicos franceses, entre tanto, eran casi todos monárquicos y el sectarismo republicano no hacía sino alimentar esa oposición a un régimen que consideraban enemigo

de la Iglesia. La intervención de León XIII trató de poner fin a ese estado de cosas, que amenazaba la vida religiosa en Francia.

8. León XIII, por principio, alentaba la presencia de los católicos en la vida pública. El Papa, por otra parte, en la Encíclica *Inmortale Dei* (19-XI-1885) había declarado la disposición de la Iglesia a mantener buenas relaciones con cualquier régimen político, incluido el republicano y democrático. En aplicación de estas directrices, León XIII invitó a los católicos franceses a colaborar con la República: tal fue la política del «Ralliement», anunciado en un célebre brindis pronunciado en Argel por el cardenal Lavigerie (1890). También en España la integración de la «Unión Católica» de Pidal en el sistema político de la Restauración canovista reflejaba las orientaciones de León XIII sobre la acción política de los católicos, muchos de los cuales militaban aquí en la oposición irreducible del Carlismo y el Integrismo.

9. Los comienzos del siglo XX coincidieron con el final del pontificado de León XIII, cuya duración —veinticinco años— autoriza a considerarlo también como otro capítulo de la historia cristiana. El anciano Papa se había ganado el respeto del mundo entero, pese a que en algún lugar, como Francia, sus esfuerzos conciliadores no tuvieron una respuesta satisfactoria. El magisterio desarrollado por León XIII a través de sus grandes encíclicas había sido de extraordinaria importancia, y un particular valor tuvo para la renovación del pensamiento cristiano la solemne restauración de la filosofía tomista. Pero la presencia activa de los católicos en la vida político-social tenía también sus riesgos y en el interior de la Iglesia se incubaba, además, una crisis doctrinal, que no tardaría en declararse abiertamente.

Capítulo IV

EL PONTIFICADO EN EL SIGLO XX

Bajo el influjo de causas muy diversas —como las filosofías irreligiosas, el cientifismo decimonónico y el Protestantismo liberal— tomó cuerpo en la Iglesia el fenómeno modernista. San Pío X cortó el paso resueltamente al Modernismo. Fue un Papa valiente que atendió por encima de todo a los «intereses de Dios» y promovió con ardor la piedad cristiana. Los Pactos Lateranenses y el florecimiento de las misiones caracterizaron el Pontificado de Pío XI, que condenó las doctrinas totalitarias.

1. Los primeros años del siglo XX, hasta el comienzo de la Primera Guerra Mundial, se recordarán siempre como un período brillante y feliz de la historia europea, que vino a truncar el estallido de la más inútil y absurda de las contiendas bélicas. Pero aquel período, contemplado desde el punto de vista de la vida cristiana, no fue una época fácil y sin problemas. Los hubo de todo orden, los unos causados por la hostilidad de los adversarios de fuera, los otros originados desde dentro de la propia Iglesia; una Iglesia regida durante este tiempo por un papa que ha merecido el honor de los altares: San Pío X (1903-1914).

2. Durante aquellos años, la dinámica anticlerical se dejó sentir con particular intensidad en los países latinos del mediodía de Europa: aquellos, precisamente, que contaban con poblaciones de mayoritaria tradición católica. Portugal, tras la proclamación de la República (1910), expulsó a los religiosos del país, separó la Iglesia del Estado y confiscó los bienes eclesiásticos. En España, la célebre «ley del candado» aparece como

165

un reflejo mitigado del anticlericalismo en boga. Pero fue Francia el escenario de la más violenta ofensiva contra la Iglesia.

3. Los gobiernos franceses de signo radical hicieron gala de un laicismo militante, que provocó el enfrentamiento con la firme entereza de Pío X, secundado fielmente por el secretario de Estado Merry del Val. Francia rompió las relaciones con la Santa Sede, se abrogó el Concordato (1905), los religiosos perdieron el derecho a enseñar y muchos fueron expulsados del país. Los bienes eclesiásticos fueron también confiscados, lo que significaba que la Iglesia francesa, por segunda vez en poco más de un siglo, era despojada de su patrimonio y privada a la vez de la ayuda estatal que venía recibiendo, como compensación, desde tiempo de Napoleón. En adelante, el culto y los sacerdotes no contarían con otros recursos que las contribuciones de los católicos, y el uso de los templos tendría como único fundamento jurídico el precario título de la posesión de hecho.

4. Grandes fueron, pues, los embates que hubieron de sufrir, durante los primeros lustros del siglo XX, la Iglesia y los católicos de varios países europeos. Sin embargo, los peligros más graves fueron de índole doctrinal y procedían del interior de la propia Iglesia. Ya a finales del siglo XIX, el papa León XIII había denunciado el llamado «Americanismo» que, partiendo de la supuesta experiencia del Catolicismo norteamericano, propugnaba que, también en Europa, la Iglesia, para recuperar su eficacia, se adaptase a los nuevos tiempos y concediera mayor atención a las virtudes naturales y a la vida activa. Pero la gran crisis doctrinal que agitó a la Iglesia, hasta el punto de constituir quizá el acontecimiento capital de la época de Pío X, fue la crisis modernista.

5. El Modernismo pudo estar animado en sus orígenes por la inquietud apologética de ciertos católicos, ansiosos de remediar el retraso que, a su juicio, llevaba la Iglesia en el campo de la historia, la filosofía y la exégesis bíblica. El Modernismo —que sufrió de modo sensible el influjo del Protestantismo liberal alemán— trataba de «racionalizar» la fe cristiana, con el fin de hacerla aceptable a la mentalidad «moderna», vaciándola al efecto de la carga de los dogmas y aun de todo contenido sobrenatural. Los modernistas no trataban de abandonar la Iglesia; pretendían «reformarla» desde dentro, y sus posturas tenían un deliberado acento de ambigüedad, de acuerdo con la afirmación de Tyrrell de que Cristo habría dejado no una doctrina, sino un espíritu. La filosofía del Modernismo era el Inmanentismo, que erigía la «conciencia religiosa» en norma suprema de la vida cristiana. Los modernistas forjaron incluso un modelo ideal de sacerdote, que Fogazzaro convirtió en el héroe de su novela «El Santo». La exégesis bíblica, parcela predilecta de la acción modernista, fue cultivada por Alfredo Loisy, la figura más importante de este movimiento.

6. Pío X cerró resueltamente el paso al Modernismo. El Decreto *Lamentabili* y la Encíclica *Pascendi* (1907) denunciaron y condenaron estas doctrinas. La exigencia del «juramento antimodernista» a los profesores eclesiásticos y a otros muchos clérigos fue una medida disciplinar de indudable eficacia. La crisis modernista quedó así cortada por la decidida intervención pontificia. No puede decirse, sin embargo, que quedara resuelta, como pondría luego de manifiesto el rebrote modernista que habría de aparecer con sorprendente fuerza a mediados del siglo XX.

7. El mundo de la pre-guerra recibió, sobre todo, de Pío X el vigoroso impulso espiritual que caracterizó todo su pontificado. «Los intereses de Dios», ése fue el criterio supremo que guió la acción del Papa en todos los terrenos. Un criterio que le indujo a adoptar, en las relaciones con Francia o en la lucha contra el Modernismo, actitudes de fortaleza sobrenatural que a los ojos de algunos parecían chocar con los dictados de la

prudencia humana. La preocupación por la santidad de los sacerdotes, la redacción de un nuevo Catecismo, la concesión de la Primera Comunión a los niños desde la edad del discernimiento, fueron otras tantas pruebas del ardiente celo pastoral de San Pío X. Un celo que le llevó también a tratar de poner al día la vida de la sociedad cristiana, mediante la renovación de su derecho tradicional. Bajo Pío X, la Iglesia adoptó el principio moderno de la Codificación, y por mandato suyo, el cardenal Gasparri inició la labor preparatoria, que culminaría después de su muerte con la promulgación por Benedicto XV del primer Código de Derecho Canónico (1917).

8. La Primera Guerra Mundial estalló el 28 de julio de 1914. A las tres semanas fallecía el papa San Pío X (20-VIII), y su muerte parece un símbolo de las de tantos millones de hombres que iban a perder su vida en los cuatro largos años que duró la contienda. El nuevo Papa, Benedicto XV (3-IX-1914/22-I-1922) apenas pudo hacer otra cosa durante aquellos años que esforzarse inútilmente en intentar la paz entre los bandos beligerantes. El final de la lucha llegó en noviembre de 1918, merced a la victoria de los Aliados sobre los Imperios centrales. La Santa Sede fue rigurosamente excluida de la mesa donde se negoció el Tratado de Versalles. Un siglo antes, cuando la anterior ordenación de Europa tras las guerras napoleónicas, la Santa Sede había estado aún presente en el Congreso de Viena.

9. El Tratado de Versalles no trajo la paz, sino veinte años de «entreguerras», una simple tregua entre dos conflictos mundiales. El desconocimiento de las cuestiones europeas por parte del presidente norteamericano Wilson y el ancestral resentimiento francés contra los Habsburgo —unido ahora en Clémenceau a su personal anticatolicismo— fraguaron el grave error político de la destrucción del Imperio austrohúngaro. Así, mientras se permitía sobrevivir a la Alemania del norte, centrada en torno a la Prusia protestante, se desmantelaba la Germania católica, el Estado danubiano, centro del equilibrio europeo donde convivían alemanes, magiares y eslavos. Una nación católica, Polonia, renació de sus cenizas, mientras otro pueblo católico —Irlanda— conseguiría también la independencia nacional. Pero el suceso de mayor trascendencia, destinado a condicionar decisivamente la historia del mundo en el siglo XX, había sido la Revolución rusa de 1917. Terminados con la victoria bolchevique los años de guerra civil, la URSS irrumpía en el escenario mundial como el primer Estado marxista de la historia, oficialmente ateo, doctrinalmente anticristiano y fundado en una concepción materialista del hombre y de la vida.

10. El período de «entreguerras» coincidió prácticamente con el pontificado de Pío XI. Fue un tiempo de la historia cristiana con unas notas bien definidas que imprimen carácter a la época. Y fue también, desde distintos puntos de vista, un período de manifiesto florecimiento del Cristianismo y de la Iglesia. El prestigio de la Santa Sede en el mundo creció de modo extraordinario y su personalidad internacional se vio robustecida por la firma de numerosos Concordatos, varios de ellos con los nuevos países nacidos de la última guerra. A poco de terminar ésta, las relaciones de la Santa Sede con Francia volvieron a la normalidad, sin que los avatares de la política interior francesa las afectasen ya seriamente en el futuro. Pero el mayor acontecimiento en el campo de las relaciones de la Sede Apostólica con los Estados fue la firma de los «Pactos Lateranenses», que pusieron fin a la «cuestión romana». El realismo de Benito Mussolini, jefe del gobierno de Italia, y sobre todo la buena voluntad de Pío XI, pusieron término a un viejo conflicto, cuya solución anhelaban multitud de personas, que eran a la vez patriotas italianos y católicos fieles. Los «Pactos», suscritos el 11 de febrero de 1929, dieron vida al Estado de la Ciu-

dad del Vaticano, mínimo solar territorial indispensable para garantizar la independencia de la Santa Sede. Los «Pactos» incluían también un Concordato que, como el concertado en 1933 con la Alemania de Hitler, habría de sobrevivir a la desaparición, tras la Segunda Guerra Mundial, del régimen político que lo había suscrito.

11. El florecimiento cristiano tuvo otras manifestaciones que afectaban a aspectos más íntimos de la vida eclesial. La expansión misionera en Asia y África hizo grandes progresos, se multiplicaron las conversiones y se dieron pasos decisivos para la consolidación de las nuevas cristiandades. Importancia particular tuvo en tal sentido el desarrollo del clero indígena, llamado a desempeñar un papel cada vez más considerable, junto a los misioneros procedentes de viejas naciones cristianas. Una fecha señalada en la historia de las Misiones fue el 28 de octubre de 1926, en que Pío XI consagró solemnemente, en la basílica de San Pedro de Roma, a seis nuevos obispos de raza china.

12. La época de «entreguerras» fue una edad de oro de la Acción Católica. Pío XI concedía gran importancia al apostolado seglar y se esforzó por encuadrarlo dentro de una nueva concepción de la Acción Católica. La Acción Católica, como movimiento apostólico multiforme, existía ya con anterioridad y había sido impulsada por el papa San Pío X. Pío XI le dio ahora una organización centralizada y jerárquica, con el fin de confiarle un papel preeminente como instrumento de cristianización de una sociedad cada vez más secularizada. El Papa concebía la Acción Católica como «la participación de los laicos organizados en el apostolado jerárquico de la Iglesia... para la instauración del Reinado universal de Jesucristo». La institución de la Fiesta de Cristo Rey, en la Encíclica *Quas Primas* (1925), fue la expresión de este ideal del Reinado social de Jesucristo, núcleo fundamental del magisterio de Pío XI. A la luz de ese designio ha de contemplarse la Encíclica *Divini illius Magistri* (31-XII-1929) sobre la educación católica de la juventud, la *Casti Connubii* (30-XII-1930) sobre el matrimonio y la familia, y la *Quadragesimo Anno* (15-V-1931), puesta al día de la doctrina social de la Iglesia a los cuarenta años de la publicación de la *Rerum Novarum*.

13. Esta época de indudable florecimiento cristiano tuvo como contrapunto la oleada de sangrientas persecuciones que se abatió sobre las iglesias de distintos países. En Rusia, la implantación del Comunismo produjo un sinfín de violencias antirreligiosas, que afectaron sobre todo a la Cristiandad ortodoxa. Pero la persecución alcanzó también a países de población católica y llegó a extremos de dureza nunca alcanzados por el anticlericalismo del siglo XIX. La persecución de México, y sobre todo la desencadenada en España durante la guerra civil de 1936-1939, tuvieron dimensiones inéditas en el mundo moderno. Los siete mil sacerdotes españoles sacrificados por «odio a la religión» —es decir, por el hecho de ser sacerdotes— llenan una página imborrable de la historia cristiana, que no puede desvirtuar ninguna consideración partidista de orden político.

14. En la tercera década del siglo se hizo cada vez más tangible la amenaza de los totalitarismos ateos o paganos. Dos documentos magisteriales del papa Pío XI fijaron con claridad la actitud de la Iglesia católica frente a las grandes ideologías totalitarias del momento. En abril de 1937, con pocos días de diferencia, aparecieron dos célebres encíclicas: *Mit Brennender Sorge,* contra el Nacional-Socialismo alemán y su doctrina racista, y la *Divini Redemptoris,* que condenó el Marxismo ateo, ideología oficial de la Rusia comunista.

Capítulo V

LAS GUERRAS MUNDIALES
Y LOS TOTALITARISMOS

La Segunda Guerra Mundial produjo inmensos sufrimientos, prolongados en la posguerra. Los campos de concentración y las emigraciones forzosas de millones de familias no tienen precedentes en la historia moderna. Derrotados los totalitarismos fascistas, gran parte de Europa quedó en poder de otro totalitarismo, portador de una ideología atea, que impuso graves restricciones a la libertad de los cristianos. La implantación de regímenes comunistas en China y otros países impidió en ellos la actividad misional.

1. La Segunda Guerra Mundial (1939-1945) superó ampliamente a la primera en duración y magnitud. Se luchó de un extremo a otro del globo y los avances de la técnica multiplicaron la eficacia destructora de las armas y causaron millones de muertos. Al mismo tiempo, lejos de los frentes de batalla, otros millones de personas perdieron la vida en bombardeos aéreos o padecieron sufrimientos inmensos y muerte en campos de concentración o de trabajo, una invención de los regímenes totalitarios, sin precedentes en países de civilización cristiana.

2. La paz no trajo consigo el final de los padecimientos de las poblaciones civiles, especialmente del centro de Europa. Las nuevas fronteras políticas y la división del Viejo Continente en zonas de influencia obligaron a multitud de familias a abandonar las tierras de sus mayores; y, despojadas de todo su patrimonio, a emigrar en busca de otra patria que se prestara a darles acogida. El fenómeno de los movimientos de población

dentro del continente europeo o hacia países de América alcanzó unas dimensiones jamás conocidas. Haría falta remontarse a la época de las invasiones bárbaras para encontrar un fenómeno tan masivo de emigraciones populares, pero con la diferencia de que aquellos desplazamientos de las tribus invasoras no fueron obligados y forzosos como eran los de ahora.

3. En la Segunda Guerra Mundial fueron vencidos los totalitarismos de signo fascista; pero no ocurrió así con el totalitarismo comunista, que por una curiosa inversión de los planteamientos iniciales de la contienda, militó desde 1941 en el bando vencedor, del brazo de las democracias occidentales. La partición del mundo acordada en Yalta por los jefes de las potencias aliadas determinó que la mitad oriental de Europa fuese entregada al dominio imperial de la Unión Soviética. Consecuencia de esa entrega fue que, en breve plazo, regímenes comunistas fueron impuestos por la fuerza a buen número de pueblos europeos, mientras que otros —tal fue el caso de los países bálticos— perdieron incluso su existencia nacional, siendo integrados, como una república más, en la Unión de Repúblicas Socialistas Soviéticas.

4. La Europa del Este, surgida de la Segunda Guerra Mundial, fue una tierra sin libertad, donde el Cristianismo y la Iglesia vivieron en un estado de opresión. Los nombres de los cardenales Mindszenty, Stepinac y Wyszynski simbolizan el heroísmo de los grandes defensores de la fe en el mundo contemporáneo.

La expansión del Comunismo afectó también a los continentes asiático y africano. En China, donde el Cristianismo tenía una vida floreciente, se prohibió a los católicos toda comunicación con la Santa Sede y se les impuso una iglesia escindida de Roma. El Cristianismo, en cambio, ha experimentado un gran auge en los países del Tercer mundo. El episcopado y el clero indígenas son ya mayoría en muchas de las nuevas nacio-

173

nes, y los pueblos llegados a la independencia consideran con pleno derecho a la Iglesia como cosa propia.

5. Este avance hacia la mayor universalidad real de la Iglesia realizó progresos decisivos desde el pontificado de Pío XII (2-III-1939/9-X-1958). Pío XII dio un paso trascendental en este camino cuando, en 1946, realizó su primera promoción cardenalicia. Desde su elección en 1939, el Papa, por razón de la guerra en curso, no había nombrado ningún nuevo cardenal. Terminada la contienda, existían 32 vacantes en un Colegio cardenalicio entonces de 70 miembros. En el primer nombramiento de su pontificado, Pío XII creó cuatro cardenales italianos y 28 de otras nacionalidades, poniendo así término a un período de siglos de predominio absoluto de purpurados italianos en el Sacro Colegio. La Iglesia reafirmaba en sus más altas instancias la nota de catolicidad.

6. Pío XII ejerció un infatigable magisterio, tratando en sus alocuciones múltiples aspectos de la vida y moral cristianas. Destacan entre sus encíclicas: *Mystici Corporis*, sobre la Iglesia; *Mediator Dei*, sobre la Liturgia; *Divino afflante Spiritu*, sobre la Revelación y Sagrada Escritura. Particular importancia tuvo la Encíclica *Humani generis* (12-VIII-1950), que enlazaba sustancialmente con las enseñanzas de San Pío X, y cuya razón fue la aparición de los primeros síntomas de inquietantes reviviscencias neomodernistas. Pío XII fue sucedido por Juan XXIII (28-X-1958/3-VI-1963). Su pontificado, pese a la brevedad, tuvo notable importancia: a los tres meses de su elección, en la fiesta de la Conversión de San Pablo de 1959, el Papa reveló su intención de celebrar un concilio ecuménico. En mayo de 1961 publicó la Encíclica *Mater et Magistra*. El 25 de diciembre de 1961, la bula *Humanae salutis* convocó oficialmente el Concilio Vaticano II.

Capítulo VI
EL CONCILIO VATICANO II

El Concilio Vaticano II formuló en sus documentos un importante programa de renovación cristiana, que nada tiene que ver con los abusos cometidos en nombre de un pretendido «espíritu conciliar». Hoy el mundo sufre una profunda crisis de valores espirituales, a la que han contribuido el afán de bienestar de la sociedad de consumo, la pérdida del sentido sobrenatural de la vida y un reduccionismo religioso que contempla al Cristianismo y a la Iglesia bajo una óptica primordialmente terrena. La Iglesia ha de ser ahora la defensa de valores tan esenciales como el derecho a la vida, la dignidad del hombre y la unidad de la familia.

1. «Promover el incremento de la fe católica y una saludable renovación de las costumbres del pueblo cristiano, y adaptar la disciplina eclesiástica a las condiciones de nuestro tiempo»: tales eran, según la bula de convocatoria, los fines que había de perseguir el Concilio Vaticano II. Abierto por Juan XXIII el 11 de octubre de 1962, tan sólo el primer período de sesiones tuvo lugar en vida de este Pontífice. Su sucesor, Pablo VI (21-VI-1963/6-VIII-1978), gobernó la Iglesia durante las tres etapas ulteriores celebradas en los tres años siguientes, hasta la clausura del concilio, el 8 de diciembre de 1965. El concilio desarrolló una ingente labor, plasmada en documentos de diverso tipo: Constituciones dogmáticas, Decretos, Declaraciones y una Constitución pastoral —la *Gaudium et Spes*— sobre la Iglesia en el mundo actual. No hizo el Concilio Vaticano II ninguna definición de verdades como *dogmas de fe*, pero sus enseñanzas constituyen actos del Magisterio solemne de la Igle-

sia y exigen por tanto de los fieles una adhesión interna y externa.

2. El Concilio Vaticano II trazó un importante programa de renovación cristiana, capaz de reportar grandes bienes a la Iglesia. Por medio de sus documentos, especialmente por sus cuatro Constituciones: *Lumen gentium* (sobre la Iglesia); *Dei Verbum* (sobre la Sagrada Escritura); *Sacrosanctum Concilium* (sobre la Liturgia) y la ya mencionada *Gaudium et Spes,* puso de relieve algunos puntos fundamentales de la doctrina y del comportamiento de los cristianos. Destacamos algunos de ellos: sacramentalidad de la Iglesia; colegialidad episcopal; autoridad eclesial, entendida como servicio; impulso a la evangelización; llamada universal a la santidad; importancia del papel de los laicos santificando su trabajo profesional secular; libertad religiosa y ecumenismo; santidad del matrimonio, etc. Pero en torno a la época de su celebración afloró a la superficie una profunda crisis en la vida eclesial, traducida en un sinfín de abusos cometidos en nombre de un pretendido «espíritu conciliar», que nada tenía que ver con el genuino espíritu del concilio ni con la letra de sus documentos. En la sociedad eclesiástica se produjo entonces una violenta explosión «neomodernista» de extensión y alcance prácticamente universal. Para esos sedicentes innovadores, la Redención no tendría como primordial finalidad la salvación eterna del hombre, rotas las ataduras del pecado, sino la liberación de la humanidad de opresiones y servidumbres terrenas. La misión de la Iglesia habría de ser, por tanto, de preferente orden temporal: la lucha contra las estructuras injustas de la sociedad y las desigualdades entre personas, pueblos y clases sociales.

3. En tierras del llamado «mundo libre», el desarrollo económico producido tras el período de la posguerra hizo surgir en los países más ricos una nueva «sociedad de bienestar», que ha demostrado tener una sorprendente capacidad de disolución del espíritu cristiano. El vértigo del consumismo ha difundido entre gentes de todos los niveles una oleada de materialismo práctico, un afán hedonista de gozar sin medida de las cosas terrenas, con olvido de las realidades eternas: en suma, una concepción naturalista de la vida humana, reducida al plano de la pura temporalidad. Entre las expresiones más características de este fenómeno pueden señalarse la disminución de la práctica religiosa en tierras de vieja cristiandad, el menosprecio de la ley divina como norma de moralidad, las crisis de numerosos matrimonios y de la propia institución familiar, víctimas de la plaga del divorcio; los atentados contra el derecho a la vida de los seres más indefensos, el desbordamiento de la violencia. El Magisterio supremo de la Iglesia ha proclamado sin descanso la doctrina católica en toda su integridad. Entre los documentos más importantes del papa Pablo VI merecen recordarse especialmente la Encíclica *Humanae Vitae* (25-VII-1968), sobre los problemas del matrimonio y la familia, y el «Credo del Pueblo de Dios» (30-VI-1968), donde se reafirmaron las proposiciones fundamentales de la fe católica, con especial y particular acento sobre aquellas verdades que habían tratado de oscurecer los más recientes errores.

4. Pero, entre los avatares de los tiempos nuevos, la acción del Espíritu Santo sigue dirigiendo la historia de la humanidad, cuyo término —el final de los siglos— será la segunda venida de Jesucristo. A finales del segundo milenio se han podido observar numerosos testimonios de esa acción del Espíritu, que renueva la faz de la tierra. Entre ellos, podemos señalar el nacimiento y desarrollo del Opus Dei, un fenómeno ascético y pastoral de singular importancia suscitado por Dios para servir a la Iglesia y contribuir al bien temporal y eterno de la humanidad. El Opus Dei fue fundado por el beato Josemaría Escrivá de Balaguer el día 2 de octubre de 1928. Hoy se encuentra ampliamente difundido por los cinco continentes de la

tierra. La llamada universal a la santidad y la santificación de los hombres a través de su trabajo profesional ordinario constituye el núcleo del mensaje espiritual del Opus Dei; y esa buena nueva de la universalidad de la vocación cristiana, que tanto sorprendió cuando fue difundida por el Fundador de la Obra, ha pasado a ser, después del Concilio Vaticano II, doctrina común de la Iglesia católica.

Capítulo VII
LA IGLESIA DEL CAMBIO DE MILENIO

1. Juan Pablo II y Benedicto XVI. Tras la muerte de Pablo VI y el fugaz pontificado de Juan Pablo I (26.VIII/28.IX.1978), el 16 de octubre de 1978, el cardenal Karol Józef Wojtyla, arzobispo de Cracovia, fue elegido Papa y tomó el nombre de Juan Pablo II. Se trataba del primer Papa no italiano en cuatro siglos, eslavo, el más joven (58 años) desde la elección de Pío IX, y proveniente de la Iglesia del silencio, es decir, la iglesia que no gozaba de libertad bajo dominación comunista.

La duración de este pontificado (26 años), la personalidad del Papa, su magisterio y sus escritos, y la época de cambios sociales y políticos en que se produjo hacen de este reinado uno de los más trascendentales de la Historia de la Iglesia en el siglo XX. Durante su pontificado, Juan Pablo II escribió 14 encíclicas, proclamó 482 santos, realizó 104 viajes apostólicos y 146 visitas pastorales, nombró 232 cardenales, y pronunció más de 2.400 discursos públicos.

Karol Wojtyla vivió la dominación nazi cuando era joven seminarista. Fue ordenado sacerdote en 1946 por el arzobispo de Cracovia, Cardenal Sapihea, quien le mandó a Roma para hacer su tesis doctoral. A su regreso ocupó varios cargos pastorales compaginándolos con la docencia en las Universidades Jagellonica y Católica de Lublin. En 1958 fue nombrado obispo auxiliar de Cracovia y cuatro años más tarde titular de esa sede. Participó en el Concilio Vaticano II, donde tuvo un papel destacable en la elaboración de la *Dignitatis Humanae* y la *Gaudium et Spes*. Creado cardenal en 1967 por Pablo VI, no escatimó recursos para defender la tradición católica y la libertad religiosa frente al régimen comunista que dominaba Polonia.

Uno de los objetivos de su pontificado fue la implantación del Concilio Vaticano II en la Iglesia. Para ello, Juan Pablo II convocó periódicamente el Sínodo de los Obispos, promulgó el Código de Derecho Canónico (1983) y el Código de Cánones de las Iglesias Orientales (1990), y promovió la publicación del Catecismo de la Iglesia Católica (1992). También reformó el gobierno de la Iglesia con la Constitución apostólica *Pastor Bonus* (1988). Además en aplicación de las posibilidades abiertas por el Concilio Vaticano II (cfr. *Presbyterorum Ordinis*, n. 10) mediante la Constitución Apostólica *Ut sit* erigió la primera Prelatura personal: la Prelatura de la Santa Cruz y Opus Dei, a cuyo fundador, Josemaría Escrivá de Balaguer, canonizó el 6 de octubre de 2002.

La defensa de la vida y la oposición a la «cultura de la muerte» le llevaron a pronunciarse en repetidas ocasiones contra el aborto, la eutanasia y a favor de una antropología humana acorde con el diseño del creador. En este sentido, sus catequesis sobre la dignidad de la persona humana revisten una gran importancia, al igual que sus encíclicas *Veritatis splendor* (1993) y *Evangelium vitae* (1995).

Otros temas han ocupado su magisterio, como los relativos a la doctrina social de la Iglesia, a las relaciones entre fe y razón, al sentido del dolor, los artistas, la ecología, el papel de la familia en la sociedad, la aportación de la mujer al mundo, las relaciones con otras religiones y confesiones cristianas; y sobre algunas devociones y verdades de la fe como el Rosario, la veneración a san José, la Eucaristía, el Espíritu Santo, etc.

Su magisterio ha tenido que zanjar algunos temas polémicos, como aquellos derivados de la Teología de la Liberación o la ordenación de mujeres (*Ordinatio Sacerdotalis*). Clarificó el alcance del magisterio ordinario en la Iglesia (*Ad tuendam fidem*) y, por medio de la Congregación para la Doctrina de la Fe, reafirmó a Cristo como único mediador salvífico (*Dominus Iesus*). Igualmente, realizó gestos memorables como la jornada de petición de perdón por los pecados de los católicos cometidos en nombre de la fe —durante el Jubileo del año 2000—, el desvelamiento del tercer secreto de Fátima, la consagración de la humanidad al Corazón Inmaculado de María, su oración ante el muro de las lamentaciones, o la visita a Auschwitz y a la Sinagoga de Roma. Además, puso en marcha algunas iniciativas perdurables como las Jornadas Mundiales de la Juventud (iniciadas en 1985).

Entre sus actuaciones en el campo de las relaciones políticas, es tenido por uno de los fautores de la caída del Muro de Berlín y del derrumbamiento del comunismo en los países del Este de Europa. Escenario que es probable que guarde relación con el atentado que sufrió en la plaza de San Pedro en 1981 que estuvo a punto de costarle la vida. Se opuso tanto al «socialismo real» como al capitalismo liberal, y denunció la falta de libertad religiosa en los países de influencia comunista. Del mismo modo, hizo intensas gestiones para evitar la guerra de Irak, se opuso a la pena capital y pidió la condonación de la deuda de los países pobres. Su denuncia de la mafia en la histórica visita a Sicilia aún resuena en el Valle de los Templos, de Agrigento. Durante la tramitación de la Constitución Europea reafirmó la necesidad de plasmar en el documento las raíces cristianas de Europa, y nombró patronos del continente europeo a santa Catalina de Siena, santa Edith Stein, santa Brígida de Suecia y los santos Cirilo y Metodio (Pablo VI había nombrado ya a san Benito de Nursia).

Como consecuencia del atentado sufrido en 1981 surgieron diversas complicaciones de salud y a lo largo de su vida presentó algunos cuadros médicos (tumor de colon, apendicitis, rotura del fémur, párkinson, artrosis) que fueron limitando paulatinamente su actividad. En el año 2005 ya no pudo presidir las ceremonias de Semana Santa y falleció el 2 de abril en la víspera del Domingo de la Divina Misericordia, fiesta que había instaurado durante su pontificado. Los días que transcurrieron después de su muerte, al igual que su funeral, fueron una impresionante manifestación de afecto por parte de todos los católicos y de los líderes mundiales. Se calcula que más de tres millones de peregrinos confluyeron en Roma para dar su último adiós al Papa.

Su proceso de beatificación empezó el día 28 de junio del mismo año de su muerte y después de la declaración de virtudes heroicas y la aprobación de un milagro (curación de un párkinson de una religiosa francesa), fue beatificado por Benedicto XVI en la Plaza de San Pedro el 1 de mayo de 2011. El papa Francisco lo canonizará el 27 de abril de 2014, junto con el beato Juan XXIII. Sus sagrados restos, expuestos a la veneración de los fieles, se encuentran en la basílica de San Pedro, en el Vaticano.

2. Benedicto XVI. El cardenal Joseph Ratzinger fue elegido Papa el 19 de abril de 2005, en el segundo día de cónclave, a los 78 años de edad. Escogió como nombre de pontífice el de Benedicto XVI en homenaje a san Benito de Nursia y al Papa que tuvo que hacer frente al conflicto de la Primera Guerra Mundial, Benedicto XV.

Nacido en Baviera, fue ordenado sacerdote en 1951, junto con su hermano, por el cardenal Faulhaber, arzobispo de Múnich y Frisinga. Después de realizar su tesis sobre san Agustín y la tesis de habilitación sobre san Buenaventura, ocupó sucesivamente la cátedra de teología dogmática en Bonn y Münster.

El cardenal Frings lo tomó como teólogo particular para que le asesorara durante la celebración del Concilio Vaticano II. Allí, entró en contacto con lo más granado de la teología católica y participó activamente en las reuniones del episcopado alemán. En 1967, ocupó la cátedra de teología dogmática de Tubinga para volver a Baviera en 1969 al hacerse cargo de la cátedra de Ratisbona.

Pablo VI le nombró, en 1977, arzobispo de Múnich y Frisinga, y lo hizo cardenal. En 1981 Juan Pablo II le llamó para que se hiciera cargo de la Congregación para la Doctrina de la Fe, a la vez que era Presidente de la Pontificia Comisión Bíblica y de la Comisión Teológica Internacional. De 1986 a 1992 presidió la comisión encargada de la elaboración del Catecismo de la Iglesia Católica. Su trayectoria intelectual (muy asociada al Concilio), su fidelidad a Juan Pablo II y algunas intervenciones públicas, como sus palabras en el último Vía Crucis del pontificado de Juan Pablo II o sus homilías como decano del colegio de cardenales en los funerales del Papa y en la misa *pro eligendo pontífice*, hicieron de él un firme candidato al pontificado.

Su conciencia de las necesidades de la Iglesia de su tiempo definió el alcance de su ministerio. Se trató de un papado centrado en la enseñanza de las verdades de la fe, el testimonio de los santos y la interpretación del Vaticano II. En este sentido, causó fortuna su distinción entre la «hermenéutica de la discontinuidad» y la «hermenéutica de la reforma en la continuidad» al hablar del Concilio ante la Curia romana (22.XII.2005). Igualmente, hizo vigorosas defensas del papel de la Iglesia católica en la edificación de la cultura moderna y de las relaciones entre la fe, la razón y la Universidad, como en su famoso discurso de Ratisbona (2006). En diferentes ocasiones, denunció lo que acuñó como «la dictadura del relativismo», identificándola como el principal problema para la fe en ese momento. Este motivo le llevó a convocar un Año de la Fe en su último año de pontificado. Fue el primer Papa que escribió un libro (en tres volúmenes) sobre Jesús de Nazareth.

Otro de los temas de su pontificado ha sido la recuperación de la tradición litúrgica de la Iglesia, que se ha concretado en la promoción de la belleza en los ritos (canto gregoriano, ornamentos). Además, mediante el motu proprio *Summorum Pontificum* reguló el uso de la liturgia romana anterior a la reforma de 1970. Estas determinaciones fueron interpretadas como una mano tendida a los lefebvrianos, junto con el levantamiento de la excomunión a cuatro obispos de la Fraternidad Sacerdotal de san Pío X, para su reintegración plena en la Iglesia, que no obstante no se ha llevado aún a cabo.

Durante el pontificado de Benedicto XVI estalló con fuerza uno de los hechos que ya denunciara el Papa siendo prefecto de la Congregación de la Fe: el abuso de menores por parte de algunos sacerdotes y religiosos. Benedicto XVI aplicó la doctrina de tolerancia cero y para ello tuvo que remover de sus cargos a varios obispos, pedir perdón, reunirse con las víctimas y poner en marcha visitas apostólicas a las diócesis afectadas.

La cuestión ecuménica ha estado siempre en el centro del pontificado. Las relaciones con el Patriarcado de Constantinopla y con la Iglesia ortodoxa en general han mejorado sustancialmente durante su papado, como cuando en el viaje apostólico a Turquía, Benedicto XVI asistió a la Divina liturgia ortodoxa celebrada por Bartolomé I. Las relaciones con los anglicanos han continuado y Benedicto XVI se ha encontrado en repetidas ocasiones con su Primado e incluso ha hablado (con motivo de su viaje al Reino Unido) ante la reunión de los jerarcas anglicanos en la Conferencia de Lambeth. Por otra parte, con la constitución apostólica *Anglicanorum coetibus*, se ha creado la estructura eclesiástica del Ordinariato personal destinada a acoger a aquellas comunidades de fieles que han abandonado el anglicanismo para reintegrarse en la comunión plena con la Iglesia Católica.

El último, y quizás más importante, acto de su pontificado ha sido su renuncia al ministerio petrino, el once de febrero de 2013. Es el primer Papa desde Celestino V que renuncia voluntariamente al pontificado. A partir del 28 de febrero de ese mismo año la sede romana quedó vacante y Benedicto XVI se retiró a Castelgandolfo hasta la elección de su sucesor, el papa Francisco. El principal motivo de la renuncia fue la avanzada edad del Romano Pontífice que, a su juicio, ya no le «permitía gobernar de modo adecuado a la Iglesia en un mundo sujeto a rápidos cambios y agitado por cuestiones de gran relevancia para la vida de la fe».

La renuncia de Benedicto XVI y la elección del cardenal de Buenos Aires, Jorge Mario Bergoglio, que asumió el pontificado romano con el nombre de Francisco, el 13 de marzo del 2013, abrieron un escenario inédito en la vida de la Iglesia.

TABLA CRONOLÓGICA

Fechas	Acontecimientos

Siglo I

7-5 a. C.	Nacimiento de Cristo.
14	Muerte de Augusto.
14-37	Tiberio, emperador.
30, abril	Pasión, Muerte y Resurrección de Jesucristo.
34-36	Conversión de San Pablo.
34-36	Martirio del diácono San Esteban.
44	Martirio del Apóstol Santiago el Mayor.
49	Concilio de Jerusalén.
54-68	Nerón, emperador.
58	Prisión de San Pablo en Jerusalén.
58-60	San Pablo, preso en Cesarea.
61-63	San Pablo, preso en Roma y libertado.
63-67	Último viaje apostólico de San Pablo a España y Oriente.
64	Incendio de Roma, persecución de los cristianos y probable martirio de San Pedro.
66-67	Segundo proceso y martirio de San Pablo en Roma.
70	Sitio y toma de Jerusalén por Tito.
95	Persecución de Domiciano; San Juan, desterrado en la isla de Patmos, escribe el Apocalipsis.
98-100	San Juan, el último Apóstol, muere en Éfeso.

Siglo II

98-117	Trajano, emperador.
110 (?)	Martirio en Roma de San Ignacio de Antioquía.
117-138	Adriano, emperador.
140	Comienzo de la crisis del «Gnosticismo» cristiano.
138-161	Antonino Pío, emperador.
155	Martirio de San Policarpo, discípulo de San Juan.
161-180	Marco Aurelio, emperador.

Fechas	Acontecimientos

180 (?)   Fundación de la Escuela catequética de Alejandría.
185   El tratado «Contra las herejías», de San Ireneo.
193-211   Septimio Severo, emperador.
197   El «Apologético», de Tertuliano.

Siglo III

203   Orígenes empieza a dirigir la Escuela de Alejandría.
212   Caracalla concede la ciudadanía romana a todos los habitantes del Imperio, con excepción de los «dediticios».
222-235   Alejandro Severo, emperador.
232   Orígenes, expulsado de Alejandría, funda la Escuela de Cesarea en Palestina.
235-270   El período de la «Anarquía militar» en el Imperio romano.
250   Persecución de Decio: los *lapsi*.
257-259   Persecución de Valeriano: martirio del papa Sixto II y del diácono Lorenzo en Roma, de los obispos Cipriano de Cartago y Fructuoso de Tarragona.
285-305   Diocleciano, emperador: la «Tetrarquía».

Siglo IV

304-305   La gran persecución de Diocleciano.
307-337   Constantino, emperador (único soberano desde 323).
311   Edicto de tolerancia a los cristianos, de Galerio.
313   «Edicto de Milán», de libertad religiosa.
325   El Concilio I de Nicea, 1.º de los Ecuménicos, condena el «Arrianismo».
328-373   San Atanasio, obispo de Alejandría.
330   Constantinopla, nueva capital del Imperio.
337-378   Emperadores proarrianos, sucesores de Constantino.
378-395   Teodosio, emperador.
380   El Cristianismo, religión del Imperio.
380-400   Conversión de los visigodos y otros pueblos germánicos al Arrianismo.

Fechas	Acontecimientos

381	Concilio I de Constantinopla, 2.º de los Ecuménicos.
395	Arcadio y Honorio, emperadores: división del Imperio en Oriente y Occidente.
397	Muere San Ambrosio, obispo de Milán.

Siglo V

406	Los bárbaros cruzan el Rhin e invaden las Galias.
413-426	San Agustín escribe «La Ciudad de Dios».
418-507	Reino visigodo tolosano en las Galias.
419	Muere San Jerónimo en Belén.
430	Muerte de San Agustín en Hipona.
431-454	Reino vándalo de África del Norte.
431	Concilio de Éfeso, 3.º Ecuménico: definición de la Maternidad divina de María y condena de Nestorio.
440-461	Pontificado de San León I el Magno.
451	Concilio de Calcedonia, 4.º Ecuménico: definición de las dos Naturalezas en Cristo y condena del «Monofisismo».
461	Muerte de San Patricio: Irlanda, cristiana.
489-553	Reino ostrogodo de Italia.
500 (?)	Bautismo de Clodoveo y conversión de los francos al Catolicismo.

Siglo VI

507	Victoria de los francos sobre los visigodos: final del Reino tolosano.
507-711	Reino visigodo español.
527-565	Justiniano, emperador de Oriente.
535-553	Guerra gótica en Italia.
547	Muerte de San Benito.
553	Concilio II de Constantinopla, 5.º Ecuménico: condena de los «Tres Capítulos».

Fechas	Acontecimientos
560-570	Conversión al Catolicismo del Reino suevo de Galicia: San Martín de Braga.
568-774	El Reino longobardo de Italia.
589	Concilio III de Toledo: conversión de los visigodos al Catolicismo.
590-604	Pontificado de San Gregorio Magno.
597	Comienzo de la cristianización de la Inglaterra anglosajona.

Siglo VII

610-641	Heraclio, emperador de Oriente.
622	La «Hégira», comienzo de la Era islámica.
632	Muerte de Mahoma.
633-702	Los concilios toledanos, del IV al XVIII.
636	Muere San Isidoro de Sevilla.
638	Jerusalén, en poder de los árabes.
642	Los árabes conquistan Alejandría.
680-681	Concilio III de Constantinopla, 6.º Ecuménico: doctrina de las dos Voluntades en Cristo y condena del «Mono-«telismo».
698	Cartago, conquistada por los árabes.

Siglo VIII

711	Conquista de España por los árabes; destrucción del Reino visigodo.
717-718	León III Isáurico rechaza a los árabes ante Constantinopla y salva el Imperio bizantino.
726-780	Primer período de la Iconoclastia.
732/733 (?)	Victoria de Carlos Martel sobre los árabes en Poitiers.
751	Inicio de la Monarquía carolingia en Francia.
752-757	Nacimiento de los Estados de la Iglesia.
754	Martirio de San Bonifacio, apóstol de Germania.
768-814	Reinado de Carlomagno.
774	Desaparición del Reino longobardo de Italia.

| 787 | Concilio II de Nicea, 7.º Ecuménico: doctrina sobre el culto a las Sagradas Imágenes. |
| 800 | Coronación imperial de Carlomagno en Roma. |

Siglo IX

813-843	Segundo período iconoclasta.
814-840	Reinado de Ludovico Pío.
840-877	Reinado de Carlos el Calvo.
843	Tratado de Verdún: división del Imperio carolingio.
847-886	Los patriarcas Ignacio y Focio se suceden por dos veces, alternativamente, en la Sede de Constantinopla.
858-867	Pontificado de Nicolás I.
863-885	Acción misional de los santos Cirilo († 869) y Metodio.
864	Bautismo del príncipe Boris y «cuestión de los búlgaros«.
869-870	Concilio IV de Constantinopla, 8.º Ecuménico.
891-896	El papa Formoso: comienza el «Siglo de Hierro» del Pontificado.

Siglo X

904-954	Dominio de Roma por la familia de Teofilacto.
909	Fundación del monasterio de Cluny.
929	Martirio de San Wenceslao, duque de Bohemia.
936-973	Otón I, rey de Alemania.
962	Coronación de Otón I por el papa Juan XII: restauración del Imperio cristiano occidental.
966	Bautismo del duque Mieszko y conversión de Polonia.
985	Bautismo de Geisa, duque de los húngaros.
987	Bautismo del príncipe Wladimiro y cristianización de Rusia.
1000	San Esteban, rey de Hungría.

Siglo XI

1003	Muerte del emperador Otón III; nuevo período del «Siglo de Hierro» del Pontificado.
1039-1056	Enrique III, emperador alemán, toma bajo su control las elecciones pontificias.
1046-1061	Los papas germánicos, precursores de la reforma gregoriana.
1054	Miguel Cerulario, patriarca de Constantinopla: comienza el Cisma de Oriente.
1056-1106	Enrique IV, emperador alemán.
1073-1085	Pontificado de San Gregorio VII, que da el nombre a la reforma gregoriana.
1075	Se inicia el conflicto de las investiduras.
1085	Reconquista de Toledo por Alfonso VI.
1095	Urbano II predica en Clermont la primera Cruzada.
1099	Los cruzados toman Jerusalén.

Siglo XII

1115-1153	San Bernardo, abad de Claraval.
1119	Fundación de los Templarios.
1122	Los Hospitalarios se transforman en Orden Militar.
1122	Concordato de Worms: final del conflicto de las investiduras.
1123	Concilio I de Letrán, 9.º Ecuménico.
1139	Concilio II de Letrán, 10.º Ecuménico.
1142 (?)	«Decreto» de Graciano.
1152-1190	Federico Barbarroja, emperador.
1159-1181	Pontificado de Alejandro III.
1159 (?)	Las «Sentencias» de Pedro Lombardo.
1179	Concilio III de Letrán, 11.º Ecuménico.
1187	Jerusalén cae otra vez en poder del Islam.
1198-1216	Pontificado de Inocencio III.

Siglo XIII

1204	Cuarta Cruzada: toma de Constantinopla y creación del Imperio latino.
1208-1213	Cruzada contra los albigenses.
1212	Victoria cristiana en las Navas de Tolosa.
1213-1276	Jaime I de Aragón.
1215	Concilio IV de Letrán, 12.º Ecuménico.
1215	Inocencio III erige la Universidad de París.
1216	Honorio III aprueba la Orden de Predicadores (Dominicos).
1217-1252	Reinado de Fernando III el Santo.
1223	Aprobación solemne por Honorio III de la Orden Franciscana.
1226	Muere San Francisco de Asís.
1226-1270	San Luis, rey de Francia.
1229	Federico II Hohenstaufen (1218-1250) recupera Jerusalén.
1234	«Decretales» de Gregorio IX.
1244	Pérdida definitiva de Jerusalén.
1245	Concilio I de Lyon, 13.º Ecuménico.
1261	Final del Imperio latino de Constantinopla.
1266-1273	Santo Tomás de Aquino escribe la «Suma Teológica».
1274	Concilio II de Lyon, 14.º Ecuménico.
1285-1314	Felipe el Hermoso, rey de Francia.
1294-1303	Pontificado de Bonifacio VIII.

Siglo XIV

1309	Los papas se instalan en Aviñón.
1311-1312	Concilio de Vienne, 15.º Ecuménico: supresión de los Templarios.
1324	Marsilio de Padua publica el *Defensor Pacis*.
1348	La «peste negra».
1349	Muere Guillermo de Ockham.

Fechas	Acontecimientos

1377 El papa Gregorio XI retorna de Aviñón a Roma.
1378-1417 Cisma de Occidente: la Cristiandad, dividida en dos obediencias.
1382 Condena de Wiclef.

Siglo XV

1409 Concilio de Pisa: elección de un tercer papa.
1414-1418 Concilio de Constanza, 16.º Ecuménico.
1415 Muerte de Juan Huss.
1417 Final del Cisma de Occidente: Martín V, único papa.
1431-1442 Concilio de Basilea-Ferrara-Florencia, 17.º Ecuménico.
1439 Unión de los griegos a la Iglesia universal en el Concilio de Florencia.
1450 (?) Invención de la imprenta.
1453 Constantinopla cae en poder de los turcos: final del Imperio cristiano de Oriente.
1474-1516 Reinado de los Reyes Católicos, Isabel († 1504) y Fernando.
1492 Final de la Reconquista española y descubrimiento de América.

Siglo XVI

1509-1547 Enrique VIII, rey de Inglaterra.
1512-1517 Concilio V de Letrán, 18.º Ecuménico.
1515-1547 Francisco I, rey de Francia.
1518-1556 Carlos I de España y (desde 1519) V de Alemania.
1517 Comienza la revuelta luterana.
1520 Excomunión de Lutero.
1524 Fundación de los Teatinos.
1530 «Confesión de Augsburgo», redactada por Melanchton.
1533 Cisma de Inglaterra.
1536 Muere Erasmo de Rotterdam.

Fechas	Acontecimientos
1537	Fundación de la Compañía de Jesús.
1538	Fundación de la Universidad de Santo Domingo, la primera del Nuevo Mundo.
1541-1564	Gobierno teocrático de Calvino en Ginebra.
1545-1563	Concilio de Trento, 19.º Ecuménico.
1546	Muerte de Lutero.
1555	La Paz de Augsburgo sanciona la división religiosa en Alemania.
1556-1598	Felipe II, rey de España.
1558-1603	Isabel I consolida la Reforma en Inglaterra.
1562-1598	Guerras de religión en Francia.
1566-1572	Pontificado de San Pío V.
1571	Batalla de Lepanto.
1582	Muerte de Santa Teresa de Jesús.
1595	Muerte de San Felipe Neri.
1598	Enrique IV de Francia otorga el Edicto de Nantes, estatuto de tolerancia con garantías para los hugonotes.

Siglo XVII

1618-1648	Guerra de los Treinta Años.
1620	Los puritanos del «Mayflower», en América.
1621-1665	Felipe IV, rey de España.
1622	Muerte de San Francisco de Sales.
1624-1642	Gobierno de Richelieu en Francia.
1632-1633	Proceso de Galileo.
1643-1715	Luis XIV, rey de Francia.
1648	Los Tratados de Westfalia consagran la escisión religiosa europea.
1649-1658	Gobierno de Cromwell en Inglaterra.
1653-1713	La crisis del Jansenismo, desde la condena de las «Cinco proposiciones» a la bula *Unigenitus*.
1660-1688	Restauración de los Estuardos en Inglaterra: Carlos II y Jacobo II.
1682	El «Galicanismo»: los cuatro «Artículos orgánicos».
1682-1725	Pedro el Grande, zar de Rusia.

1683	Juan Sobieski, rey de Polonia, derrota a los turcos y salva a Viena.
1685	Revocación del Edicto de Nantes.
1688	«Revolución Gloriosa»: Guillermo de Orange, rey de Inglaterra.

Siglo XVIII

1700-1714	Guerra de Sucesión española. Con Felipe V (1700-1746) comienza a reinar en España la Casa de Borbón.
1715-1774	Luis XV, rey de Francia.
1738	El papa Clemente XII condena la Masonería.
1740-1758	Pontificado de Benedicto XIV.
1740-1780	María Teresa, emperatriz de Austria.
1740-1786	Federico II, rey de Prusia.
1751-1772	Publicación de la «Enciclopedia».
1762-1796	Catalina II, emperatriz de Rusia.
1765-1790	José II de Austria: el «Josefismo».
1772-1795	Los repartos de Polonia.
1773	El papa Clemente XIV suprime la Compañía de Jesús.
1776	Declaración de independencia de los Estados Unidos de América.
1778	Mueren Voltaire y Rousseau.
1781	Kant publica la «Crítica de la razón pura».
1786	El «Regalismo»: Sínodo de Pistoya.
1789	Comienza la Revolución francesa.
1790	«Constitución civil del clero».
1792-1794	Abolición de la Monarquía. Ejecución de Luis XVI. El Terror.
1799	El papa Pío VI (1775-1799) muere prisionero en Francia.

Siglo XIX

1800-1823	Pontificado de Pío VII.
1800-1804	Napoleón, primer cónsul.

Fechas	Acontecimientos
1801	Concordato entre la Santa Sede y Francia.
1804-1815	El Imperio napoleónico.
1810-1825	Independencia de la América española continental.
1814-1815	El Congreso de Viena y la Santa Alianza.
1814-1833	Fernando VII, rey de España.
1814-1830	Restauración borbónica en Francia.
1830	Revolución de Julio. Luis Felipe, rey de Francia (1830-1848); Bélgica se independiza de Holanda.
1831-1846	Pontificado de Gregorio XVI.
1832	Encíclica *Mirari vos* contra el Liberalismo.
1833-1868	Isabel II de España.
1836-1901	Victoria I de Inglaterra.
1845	El «Movimiento de Oxford»: conversión de Newman al Catolicismo.
1846-1878	Pontificado de Pío IX.
1848	La Revolución de 1848. La República romana y el exilio de Pío IX. Carlos Marx publica el «Manifiesto comunista».
1848-1916	Francisco José I, emperador de Austria-Hungría.
1852-1870	Segundo Imperio francés: Napoleón III.
1856	Fundación de los Salesianos por San Juan Bosco.
1864	El *Syllabus*.
1869-1870	Concilio Vaticano I, 20.º Ecuménico: definición de la infalibilidad pontificia.
1870	Roma, capital del nuevo Reino de Italia. Desaparición de los Estados Pontificios.
1870-1871	Guerra franco-prusiana: el nuevo Imperio alemán.
1871-1879	El «Kulturkampf» en Alemania.
1875	Restauración de los Borbones en España: Alfonso XII (1875-1885).
1878-1903	Pontificado de León XIII.
1880	Las «leyes laicas» en Francia.
1883	Muere Carlos Marx.
1886-1931	Alfonso XIII, rey de España.
1888-1918	Guillermo II, emperador de Alemania.
1891	Encíclica *Rerum novarum,* sobre la cuestión social.

Fechas	Acontecimientos

Siglos XX/XXI

1903-1914	Pontificado de San Pío X.
1903-1907	El «Modernismo» y su condena.
1904-1905	Ruptura de Francia con la Santa Sede y separación de Iglesia y Estado.
1914-1918	Primera Guerra Mundial.
1914-1922	Pontificado de Benedicto XV.
1917	Revolución rusa: Lenin.
1919	Tratado de Versalles: nuevo mapa de Europa.
1922-1945	El Fascismo en Italia: Mussolini.
1922-1939	Pontificado de Pío XI.
1928	Fundación del Opus Dei.
1929	Los «Pactos Lateranenses» ponen fin a la «cuestión romana».
1931-1936	La Segunda República en España.
1933-1945	El Nacional-Socialismo en Alemania: Hitler.
1936-1939	La Guerra Civil Española.
1936-1975	Francisco Franco, jefe del Estado español.
1937	Encíclicas condenatorias del Nacional-Socialismo racista y del Comunismo ateo.
1939-1945	Segunda Guerra Mundial: derrota de los Fascismos y sucesiva división del mundo en dos grandes campos: las Democracias occidentales y el Bloque socialista.
1939-1958	Pontificado de Pío XII.
1949	La República Popular China.
1958-1963	Pontificado de San Juan XXIII.
1960	Apogeo del proceso descolonizador en África.
1962-1965	Concilio Vaticano II, 21.º Ecuménico.
1963-1978	Pontificado de Pablo VI.
1975	Juan Carlos I, rey de España.
1978	Pontificado de Juan Pablo I (26-VIII/28-IX).
1978-2005	Pontificado de San Juan Pablo II.
2000	Año Jubilar de la Redención.
2005-2013	Pontificado de Benedicto XVI.
2013 (13-III)	Pontificado de Francisco.
2014	Canonización de Juan Pablo II y Juan XXIII.

BIBLIOGRAFÍA

— J. L. Illanes - J. I. Saranyana, *Historia de la Teología*, BAC, Madrid, 3ª ed. 2012.
— J. Orlandis, *Historia de la Iglesia. I. La Iglesia antigua y medieval*, Palabra, 12ª ed. 2012.
— F. Martín Hernández y J. C. Martín de la Hoz, *Historia de la Iglesia. II. La Iglesia en la época moderna*, Palabra 2011.
— J. Belda Plans, *Historia de la Teología*, Palabra 2010.
— D. Ramos-Lissón, *Compendio de Historia de la Iglesia Antigua*, Eunsa, 2009.
— B. Llorca, R. García Villoslada y F. J. Montalbán, *Historia de la Iglesia Católica*, 4 vols., Madrid, 2004-2010.
— R. Trevijano, *Patrología*, BAC, Madrid, 2ª ed. 2009.
— J. Orlandis, *El Pontificado Romano en la Historia*, Palabra, Madrid, 2ª ed. 2003.
— V. Cárcel Ortí, *Historia de la Iglesia. III. La Iglesia en la época contemporánea*, Palabra 2000.
— J. Orlandis, *La Iglesia Católica en la segunda mitad del siglo XX*, Palabra, Madrid, 1998.
— J. Orlandis, J. P. Savignac y G. Redondo, *Historia de la Iglesia*, 3 vols., Palabra, Madrid, 1974-1985.
— L. J. Rogier, R. Aubert y M. D. Knowles (dirigida por), *Nueva Historia de la Iglesia*, 5 vols., Madrid, 1964-1977.

BIBLIOGRAFÍA

ÍNDICE ALFABÉTICO

Emperador cristiano, 37, 74, 75, 81-85
«Enciclopedia», 140
«Enciclopedistas», 140
Enrique de Borbón-Navarra, príncipe, 117
Enrique I, duque de Sajonia, 74
Enrique II, rey de Francia, 117
Enrique III, emperador, 75, 82
Enrique III, rey de Francia, 117
Enrique IV, emperador, 83
Enrique IV, rey de Francia, 129
Enrique VIII, rey de Inglaterra, 117, 118
Epístolas paulinas, 20, 41
Escolástica, Teología, 89, 90
«Escritores eclesiásticos», 54
Escrivá de Balaguer, Josemaría, San 177, 178, 180
Escuela de Alejandría, 50
Escuela de Antioquía, 50
Escuelas Pías, 125
Esquilache, motín de, 135
Estados de la Iglesia, 99-101, 147-149, 150, 153, 158
Esteban, San, diácono y mártir, 18
Esteban II, papa, 72
«Etimologías», de San Isidoro, 59
Eudoxia, emperatriz, 57
Eugenio IV, papa, 108
Eusebio de Nicomedia, 49, 56
Eusebio de Vercelli, San, 62
Evangelios, 16, 41
Evangelium vitae, encíclica, 180
Expansión cristiana en el mundo antiguo y medieval, 21-23, 67-70

F

Falloux, 152
Fascismo, 169-171
Faulhaber, cardenal, 182
«Febronianismo», 135, 136
Febronio, 136
Federico I, Barbarroja, emperador, 84
Federico II, emperador, 85, 94, 99
Federico el Sabio, elector de Sajonia, 113
Felipe II, rey de España, 116
Felipe Augusto, rey de Francia, 86
Felipe el Hermoso, rey de Francia, 101, 103
Felipe Neri, San, 125
Félix V, papa (Amadeo de Saboya), 108
Fernando II, emperador, 127
Fernando VII, rey de España, 150
Ferry, Jules, 163
Feudalismo, 71-75
Feuerbach, 154
Filioque, 50, 79
Filipo el Árabe, emperador romano, 34
Filocalia, 56
Flaviano de Constantinopla, 52
Florencia, concilio de, 80
Focio, patriarca, 78, 79
Fogazzaro, 167
Fourier, 161
Franciscanismo, 92, 93, 102
Franciscanos, 89, 121
Francisco, papa, 182, 185
Francisco I, rey de Francia, 117
Francisco de Asís, San, 88, 89

Este libro, publicado por
Ediciones Rialp, S. A.,
Manuel Uribe 13-15, 28033 Madrid,
se terminó de imprimir
en Artes Gráficas Anzos, S. L.,
Fuenlabrada (Madrid),
el día 29 de enero de 2025.